도

우강택 옮김

東 文 選

도덕적 명령

L'IMPÉRATIF MORAL

This edition was published by arrangement
with Éditions Denoël, Paris
through shinwon literary Agency, Seoul

차 례

Ⅰ 사회학자의 시선

—— 사회학적 추세의 진단

Ⅱ 실제적 파급 효과

—— 각 전문 분야에 나타나는 결과들 (공직 · 기업 · 마케팅 · 커뮤니케이션)

Ⅲ FORESEEN 클럽 초청자들의 시각

—— 상기의 추세와 그 결과에 대한 초청자들의 자유 의견들

머리말

예측이라는 것은 간혹 실망스러울 때가 있는데, 이는 아마 그것이 흔히 과거에 대한 일반화와 미래에 대한 꿈에 불과하기 때문일 것이다.

그러나 오늘날처럼 급변하는 세계에서 21세기의 첫 10년간을 더 지혜롭게 대처하기 위해서는, 현재 진행중인 격변을 이해코자 하는 노력보다 더 필요한 것은 없다.

사회학적 추세를 관찰하는 국제연구소인 FORESEEN이 Havas Advertising에 의해 설립된 것은 이러한 겸허하고 멋진 야심에 따른 것이다. 변혁은 필요한 것인 만큼 우리 사회 내부에서 생겨나는 조류들을 탐지해 내기 위해 무장하고, 아직 태동 단계에 있는 사고의 새로운 방식들과 개인적이며 집단적인 형태들을 밝혀내며, 어쩌면 미래를 지배하게 될 자들에 대해 가정을 해보는 것은 지혜로운 일이다.

우리가 새로운 밀레니엄뿐만 아니라 엄연히 새로운 문명으로 접어든다는 것을 분명히 인식해야 한다. 향후 20년 동안 우리가 맞이하게 될 변화들은, 지난 200년 동안 진행되었던 변화들보다 실제로 더 중요하게 될 것이다.

오늘날 진행중에 있는 쟁점들을 이해하기 위해서 못지않게 중요한 지표들이라고 할 수 있는 현재의 변동들에 대하여 분석가들이 정기적으로 그들의 설명을 제공하고 있기는 하지만, 우리는 FORESEEN 연구소와 더불어 우리 사회에서 태동하여 미래에 결정적인 역할을 하게 될 사회학적 움직임들을 조사함으로써 보다 앞서 나아가기를 원한다. 왜냐하면 우리들이 지켜보게 될 기술적이며 과학적인 진보를 넘어 우리의 생활 양식들과 우리 사회의 구성 자체가 수정될 것이기 때문이다. 그리고 그와 함께 틀림없이 그것들을 결속시키고 형성시켰던 가치들 중의 일부도 수정될 것이기 때문이다.

우리의 많은 직업들은 베르나르 까뜰라와 C.C.A. 연구원들의 엄격한 감독하에 있는 커뮤니케이션 그룹인 Havas Advertising팀들의 일상적인 작업을 토대로 하고 있다.

우리는 사실 광고인들처럼 공급적인 측면에서 경제 생활과 공공 생활을 이끌어 나가는 주역들의 필요성과, 수요적인 측면에서 소비자들과 시민들이 바라는 기대감의 교차점에 위치할 수 있는 행운이 있었다.

63개국에 걸친 연구원들의 활동 덕분에, 우리는 세계적인 차원에서 우리 사회를 변화시키게 될 이러한 추세들을 깊이 파악할 수 있었다.

FORESEEN 연구소와 더불어 우리는 예측을 하자는 것이 아니라, 미래를 준비하는 자들로 하여금 보충적인 성찰의 요소들을 비롯해, 그들을 에워싸고 있는 세계에 대한 보다 넓은 이해를 지닌 상태에서 행동하고 앞날을 맞이하게끔 하기 위해서 우리들이 관찰하는 바를 활용하자는 것이다.

어느 누구도 미래가 우리를 위해 무엇을 준비하고 있는지 예측할 수는 없을 것이다. 그러나 그것이 인간들이 결정하는 바대로 될 것이라는 점은 분명히 하도록 하자. 그렇기 때문에 우리는 오늘날 우리 사회를 건설하는 주역들인 기업 세계, 공직 사회, 그리고 지식인 사회의 지도자들이 우리가 밝혀 낸 거대한 추세들에 대하여 그들의 시각과 확신들을 나타내 주기를 원했던 것이다.

그들은 바로 자신들이 실천에 옮길 행동을 통해서, 위축됨 없이 아직은 불확실한 모습을 지니고 있는 이 새로운 세계로 우리를 이끌고 갈 수 있는 능력을 지니게 될 유일한 자들이다.

우리의 야심은 결국 FORESEEN 연구소와 더불어, 이제부터 미래가 필시 어떻게 될 것이라는 시각을 가져 보자는 간단한 말로 요약될 수 있을 것이다.

알랭 드 뿌질락

서 론

도덕의 절대적 필요성: 새로운 엄격주의인가, 아니면 민주주의의 진보적인 흐름인가?

도덕의 부활은 우리 현대 사회의 강한 표현이다. 이 거대한 사회학적인 현상은 도처에서 평범하고, 어떤 분야에서든 사회에 새로운 관례들을 세우는 필요성이 지금 기본적인 것처럼 느껴진다.

더 많은 도덕 쪽으로 관례들을 세우고 회복시키며 수정하기 위한 지적 탐구가, 설령 거칠고 분쟁을 일으키며 더 부드러울지라도 이것은 우리 사회의 깊은 변화를 나타낸다.
이 변화는 국가 사이의 관계들만큼이나 시민들 사이의 관계와 정치적·경제적이고 또는 사회적인 조직들의 기능과 관계한다.

여러 설명들이 도덕적 명령의 출현을 이해하게 한다. 이것은 우선 우리 생활 방식의 변화이고 교환의 가속화, 지식의 전달, 국민 교육의 점점 더 높은 수준을 가능케 하는 기술적인 발전이다. 그러나 이것은 또한 상당수의 탈선을 이끈 개인과 그 자유의 개화의 첫번째 관심인 개인주의에 의하여 점철된 역사적인 주기의 종말이다. 어떤 관용주의는 중요한 유일한 규칙이 각자의 상대적인 규칙임을 믿게·하였다.

사회학적인 시대는 끝난다. 새로운 관례의 기다림은 오늘날 다양한 해석들을 발견한다. 국민들의 소스라침에 의해서 표현되는 사회 선택의 중심에 인간을 되돌려 놓으려는 필요성처럼, 공적인 사업의 경영에 요구되는 도덕성은 그것의 가장 분명한 표현이다.

개인주의의 당당한 시기 후에, 그것의 탈선에 직면하여 개인적이고 전체적인 이익은 낡거나 새로운 집단적인 관례들에 모든 이들의 가입으로부터 오는 것임을 각자가 믿는 사회학적인 흐름이 태어나는 중임을 실제로 모든 것은 믿게 한다.

공적인 생활 속에서, 어떤 정치 개념의 거부는 신세대 시민의 대표자들이 더 시민적이고, 윤리적인 정치 행사를 위한 그들의 실행을 쇄신케 한다. 전제적인 권력의 힘은 더 실용적이고, 더 시민에 가까우며, 더 투명한 힘의 행사에 의하여 정당화된 권력의 힘에 자리를 양보할 것이다. 각자에게 자유와 주도권의 공간을 보장하면서, 전체적인 이익의 개념과 모든 이들 사이의 계약의 개념을 회복시키는 새로운 시대의 민주주의가 세워지는 것은 확실히 공적인 분야에서이지만, 사실 사회의 모든 기구에서이다.

기업의 세계도 관계된다. 비록 무엇보다도 그것의 목적이부의 창조이지만, 기업은 동등하게 봉급생활자들·주주들·소비자들에 대하여 새로운 의무들인 도덕과 시민의 주체가 된다. 시민 기업의 관례는 윤리적이고 도덕적이고 계약에 의한 경영 관리를 강요한다.

그러나 이 격변은 교육부에서 모든 사회 조직에 이르기까지, 정당이나 조합 또는 전문적인 조직에 이르기까지 모든 제도들과 함께 그들 또한 변화에 적응하게 될 대중 매체와 동등하게 관계될 것이다.

모습이 나타나는 거대한 사회학적인 격변과 사회의 모든 분야들에서 나타날 그것의 결과들은, 기업과 정치책임자들·지식인들의 시각이 매우 중요함을 보여 준다.

결정권자들의 관점만큼 사회학자의 시선은, 간혹 공동으로 새롭게 정의된 규칙 존중의 필요성이 21세기의 새벽에 우리 사회의 지배적인 특징으로 나타남을 다같이 인정하는 데 이른다.

I

사회학자의 시선

사회학적 추세의 진단

1

도덕의 주기들

이데올로기적인 도덕인가, 아니면 실용적인 도덕인가?
집단적인 도덕인가, 아니면 개인적인 도덕인가?
보편적인 도덕인가, 아니면 상황에 따른 도덕인가?

옛날에는: 도덕적인 질서가 분명히 존재했었다

이 도덕은 우선 윤리였고, 곧바로 계율로 해석되고 종교 (유대·그리스도교의 십계명) 혹은 이데올로기(속세와 공화주의의 도덕, 마르크스주의의 도덕)에 기초를 둔 가치들의 체계였다.

이 도덕은 집단적이고, 위나니미슴적이었다. 개인적이고 사회적인 행동은 가정에서처럼 학교에서 가르쳐지고, 공동체의 모든 구성원들에 의하여 공유된 엄격한 계율에 의하여 관리되어졌다. 누구나 선과 악 사이에 같은 경계선을 긋는 것으로 여겨졌다.

처벌이 모범적이고 교화적이어야 하는 것처럼, 이 도덕은 모범적이고 행동적이었다. "당신의 각 행동이 타인을 위한 모델이 되도록 하세요."

이 도덕은 보수적임이 훌륭하게 인정되었고, 아울러 변경될 수 없고 세계의 정세와 변화에 무관함이 인정되었다. 그것의 목적은 세워진 질서를 보존하는 데 있었다. 전통 그 자체가 선이 되었다. 그러므로 이것은 우선 사회 소유물과 상속 재산, 사회 계급과 계급 제도, 가족 관계, 상업 계약을 정착시키고, 조직화하는 모든 것을 보호하는 **안정의 도덕**이었다.

이 도덕은 보편적이기를 바랐고, 다문화적이고 초월적이며(특히 식민지사에서) 낯선 문화를 변화시킬 위험을 무릅쓰고, 개종자와 선교사 모두에게 적용될 수 있기를 바랐다.

마지막으로 이 집단적인 윤리는 다분야적이고 거대 사회적이었다. 이것은 동일하게 공적이고 사적인 생활, 정치와 경제, 사업과 소규모 거래 등에 적용되었다. 최소한의 원칙들에서 누구나 활동 분야에 따라 관례들을 바꿀 생각은 할 수 없었다. 민간 신화에서 무법자·무뢰한·암흑가조차 명예에 관한 그들의 법을 가지고 있으며, 보편적인 기본 도덕을 지키는 것으로 여겨졌다.

물론 이 도덕은 오늘날처럼 항상 존중되지는 않았다. 그러나 승부의 규칙들의 명확함, 그것들의 만장일치적이고 침범할 수 없는 성격은, 모든 위반이 반사회적인 동시에 반종교적인 소외의 행동이 되게 하였다.

사회는 물론이고, 그 사회를 구성하는 각 부처나 동업 조합들은 그 구성원들 가운데 한 사람의 불법 행위나 비행에 의해서 불안정한 상태에 빠지지는 않았다. 제도와 단체의 존엄성을 유지하기 위하여 '썩은 과일을 버리는' 것으로 족하였다.

집단적이고 이데올로기적인 이 규율 구조는 무엇보다도 제2차 세계대전 때까지 금세기 전반부의 것이었다. 그리고 이 규율 구조는 전후에 살아남는 데 점점 더 많은 어려움이 있었다.

그리 멀지 않은 과거에는: 전후의 불안정

이 도덕적인 확실함의 첫 불안정은 물론 전쟁에 의하여 주어졌다. 잔인함의 경험, 그러나 훨씬 더 선과 악이 어디에 존재하는지 아는 데, 그의 진영(프랑스에서의 점령 시기, 이탈리아 해방 때의 동맹 붕괴, 스페인에서의 내란, 그리고 독일에서의 나치당 시기)을 선택하는 데 따른 극도의 어려움의 경험.

그러나 훨씬 더, 이 심각한 위기 후에 전통 도덕은 5,60년대에 새로운 조건들에 직면하였다.
* 국제 교역 이주는 문화·전통 이데올로기를 대조하였다.
* 농촌의 집단 이동, 인구 이동은 가족의 구조를 파괴하고, 세대들을 분산시켰다.

도시화는 신부·교사·의사·공증인 등의 영향을 무너

뜨렸다······.

조상 전래의 도덕은 그 중계자와 자연스러운 교사들을
잃었다.

*이 텅 빈 공간에서 항구적인 기술 혁신의 변화는 진보
이다. 그러므로 도덕은 진보의 흐름 안에 있기 위하여
바뀌어야 한다는 생각을 낳았다.

60년대는 옛날식 윤리 모델이 매우 깊은 불안정의 해였
다. 그것은 더 이상 거의 교육되지 않았고, 일간 신문에서
성공과 진보의 새로운 모델에 의하여 반론되어졌다. 다른
가치 체계를 소유하는 사회 그룹들은 새로운 생활과 사회
에 적응해야만 하였다.

도덕은 그때, 특히 '68년 세대'의 젊은이들에게 짐스럽고
적합치 않았으며, 더 일반적으로 '진보주의자들'(사회학적
인 진보의 지도자이기를 바라는 자들)에 의하여 윤리의 주된
축이기보다는 낡은 세계의 상징인 의미 없고 낡아빠진 속
박으로 느껴졌다.

전통 도덕의 논쟁의 절정은 68년 5월에 있었다. "금지하
는 것은 금지된다.""친구여, 달려라. 낡은 세계는 너희들의
등뒤로 사라진다."

종전에는: 원칙들의 상대주의

그러므로 이데올로기의 붕괴와 더불어 70년대에 발전되
고 80년대에 절정에 달한 상대주의 시대로 들어갔다. 이 시

대는 사회적이고 개인적인 관례들의 완전한 비절대화에 의하여 특징지어진다.

만일 도덕이 존재한다면, 그것은 더 이상 윤리적이지 않고 실용적이다. 선과 악의 차이는 철학적이고 종교적이며, 또는 이데올로기적인 시각보다는 경험론의 결과이다. 선한 것은 효과적이고 생산적이며, 많은 이익을 가져다 주고 경쟁력 등이 있는 것이다……

도덕은 더 이상 보편적이고 영원하지 않으며, 국부적이고 상황에 의거한다. 규칙들은 문제들과 더불어 바뀌어야 한다. 선은 복잡다변하는 세계에서 끊임없이 재창조되어져야 한다. 그러므로 도덕에서 남는 것은 적응하기의 성공한 모습으로 정의된다. 이 도덕은 더 이상 《성서》나 법률 서적에 씌어 있지 않고, 협상되고 변화하는 판례에 의거한다.

관례들은 더 이상 집단적이지 않고, 도덕은 개인적이고 개인주의적이 된다. '각자에게 그의 규칙들을.' 선과 악은 타인을 심판하는 것을 금하는 주관적인 기준이 되고, 그의 동기와 관점을 고려할 의무를 지운다.

그러므로 법은 한결같이 집단적인 규율을 강요하기보다는 개인적인 도덕을 선택하는 자유를 유리하게 배려해야 한다.

변화의 가속과 더불어 개인은 모든 요구의 중심이 되고, 이 시대의 문화 혁명은 무엇보다도 '전능하고' 또는 '모든 것을 바라는' 자아의 출현에 의하여 나타나게 되었다. 전통 도덕은 짐스럽게 된다. 왜냐하면 이것은 많은 것을 요구하는 자아와 시대가 충족시키도록 뒷받침한 그 욕망 사이에 그렇게 많은 장애를 구성하는 낡아빠진 행동 규칙들로 귀착되기 때문이다. '모든 것을 바라는 기계들'인, 이 새로운 개인주의자들은 전통 도덕으로 해야 할 그 무엇도 없었다. 그들은 각자 젠멋대로 행동할 수 있기 위한 도덕의 해방을 요구하였고 획득하였다.

각자는 자신의 가치 체계를 스스로 만들고, 또는 옛것을 존중하는 데 자유로웠다. 도덕·규칙·법은 그 자신을 마음대로 처리하고, 혼자나 단체로 살 권리를 소유하는 '지고한 개인' 각자 안에 내면화되었다.

오늘날에는: 지표들의 필요

그러므로 산업화된 사회는 극도의 사회학적인 불안정 상태에서 위기에 접어들었다.

* 개인주의는 소수에게 더 빨리 적응할 수 있게 한다. 그러나 사회 관계의 붕괴는 다수에게 매우 불안스러운 고독의 감정을 낳는다. "누구를 믿어야 할지 더 이상 알지 못한다."

* 자기 방식의 많은 생활 스타일, 그것의 변덕스러움은 각자에게 더 큰 자유의 공간을 준다. 그러나 불안정의 시대에 그것은 방향을 상실케 하는 것으로 느껴진다. "더 이상 좋은 수단이 무엇이며, 생존 방식이 무엇인지 알지 못한다."

* 이데올로기와 대(大)종교의 붕괴는 의지주의를 믿는 기

업가들에게 좋은 효과의 실용적이고 물질주의적인 도덕을 물론 유리하게 배려한다. 그러나 그것은 또한 불안을 초래하는 마음의 공허를 야기시킨다. "더 이상 어떤 성인에게 헌신해야 할지 모른다."

＊우선 '자유'라고, '너그러움'이라고, 그리고 지금 '관용주의'라고 불리는 규제의 부재는 무질서의 동의어이기 때문에 바람직하지 않다. "더 이상 누구도 신뢰할 수 없다."

10년 전부터 이 체제의 지나침은, 우선 다른 상업 문화에 직면하여 기술적이고 또는 재정적인 새로운 영토를 탐구하는 젊은 학위소지자들에게, 그리고 '상대적 가치밖에 인정하지 않고' 얼마 전에 허용할 수 없는 것으로 판단된 행동들을 받아들이는 데 강요되는 모든 사회 안에 규범들의 느린 붕괴를 야기시켰다. 따라서 이것은 경제 위기가 80년대 말에 '사회학적인 절망,' 즉 일반적인 구조 상실의 감정, 해결책과 구제책에 관한 절대적 불확신의 감정, 경제적이고 물질적인 측면뿐만 아니라 심리적인 측면에서 예상의 완전한 부재의 감정 등을 초래하면서 사회문화적인 위기로 바뀌었다는 것이다.

이 90년대 후반에 집단적인 도덕 원칙의 이동·변화·침식은, 새로운 집단적인 관례에 의하여 메우는 것이 적합한 도덕적인 부족, 진실한 실패로 남게 된다.

"더 이상 어떤 확신과 원칙에 매달려야 할지 모른다……"

그리고 도덕적 명령의 흐름은, 이 혼란의 재조직의 첫 시도와 더불어 이 집단적인 불안의 징조이다. 다소 막연하게 사람들은 서로에게 규칙들을 주면서, 아마 행동 원리를 재발견하기를 기다리면서 안심하려고 애쓴다.

오늘날 도덕적 명령의 추세는 문자 그대로 '반동적'이다.
* '관대하게 되는 대로 하기'에 대한 반동과 법, 관례를 다시 세우려는 의지.
* 모든 분야와 모든 상황하의 모든 이들에게 분별 없이(정의는 분별 없고, 그리고 정의롭기 때문에) 적용되는 통합 법을 전체 사회에 다시 주기 위하여 무도덕한 상대주의에 대한 반동.
* 모두에게 같은 장난감을 강요하고, '같은 걸음으로 같은 한계 내에서 걷게 하기' 위하여 개인주의에 대한 반동.

도덕적 명령에 대한 첫번째 표현은, 우선 규정에 맞고 형식에 사로잡힌다.

오늘날 중요한 것은 법과 규칙의 기초를 이루는 원칙보다, 그것들의 재평가와 엄격한 적용이다. "법은 법이다. 규칙은 모두에 의하여 존중되기 위하여 만들어진다. 누구도 규칙을 문제삼지 않는다."

오늘날 '사업'에서 되살아나는 법률상의 엄격주의가 자신의 근거를 정당화하는 데 다만 아주 적은 시간과 에너지의 바침을 관찰하는 것은 전형적이다. 법의 자의가 그것의 정신보다 더 중요하다.

1995년의 도덕적 명령에는 윤리가 없다. 게다가 그것은 철학자·예언자·정치가 또는 신비주의자들에 의해서가 아니라 재판관들에 의해서 구현된다.

다만 가장 과격한 종교적인 교조주의들이 법을 정당화하는 것에 몰두한다. 그러나 다만 '이것이 씌어져 있다!' 라는 논쟁에 의하여.

도덕적 명령에 대한 동시대의 두번째 표현은 처벌의 본보기가 됨이다.

고려하지 않을 수 없는 규칙들을 단호히 다시 표현하는 것은 대혼란 등에 빠진 우리 나라의 집단 무의식을 안심시키기에 충분치 않다. 악을 지적하고, 그것을 구현하고, 본보기로 처벌해야 한다.

이것은 잘 알려진, 그러나 효과를 다르게 발휘하는 제물의 구조이다.

* 어제, 사람들은 파괴하는 주변인들(Baader의 무리, 직접 행동)이나, 이미 인간성에서 벗어난 미친 자들(미국의 연쇄살인범들)에 의하여 '악인들'을 상징하였다.

* 오늘, 사람들은 우리들 가운데서 악을 재발견한다. "벌레가 과일 안에 있다." 사회 집단의 신진대사를 정화하기 위하여, 그것에서 단호하게 그 세균들을 제거하여야 한다.

그리고 중재가 가능한 사회에서 이 제물들은 논리적으로 세도가들·결정권자들·권력가들·지도자들이다. 그러므로 이 새로운 엄한 취조가 우선 정치가들과 지도자들 쪽으로 향하는 것은 놀라운 일이 아니다. 그들을 규칙에 복종시키면서 사람들은 그것의 보편성을 더 크게 재확인한다.

미래에는: 관례들을 다시 쓰기

정화의 단계

우리들은 다만 도덕적 명령에 대한 이 흐름의 시작에 있다. 그것의 실제적인 첫 표현은 규정에 관한 것이고, 형식에 사로잡히고 억압적이고 상징적이다.

도덕적 명령은 경쟁, 그러므로 대립이 기본적인 주요 부분들 가운데 하나가 된 현대 산업 사회에 고유한 격렬함을 약화시키고, 갈등을 피하기 위한 규칙들을 부수적인 것으로 동반한다.

당장은 대중 매체가 악에 대한 상징적인 이 큰 싸움의 주요 무대이다…….

여론이 대중 매체가 문제들을 폭로하고, 지시들을 어기도록 격려하는 것은 남을 훔쳐보는 불건전한 변태 성욕에 의해서가 아니다. 왜냐하면 이 제물들의 발표(설령 그것이 이따금 부당하고 잔인할지라도)는 '카타르시스' 즉 사회 집단의 엄숙한 도덕적 정화의 필요성에 답하기 때문이다.

그러므로 사회적인 조정 불능의 집단적인 감정이 약해질 때까지, 이 현상이 그만큼 연극적인 방법으로 얼마 동안 더 계속되기를 기대해야 한다.

아마도 다른 힘을 가진 직업들이 곧 표적이 될 것이다. 신문기자들과 교육자들, 건강 관련 직업들, 금융가들…… 따라서 알고 인도해야만 하고, 그리고 아무것도 예측하고 설명하고 해결하지 못한 이 모든 사람들에 대하여 복수하는 경향이 있다.

무수한 지도자들은 이 공개적인 '엄한 취조'가 지나치고, 특히 무익하고 비생산적이고 균형을 깨는 것으로 생각한다. 그러나 사회학적인 관점에서 그것은 재건의 가치를 가진다. 사람들이 집단적인 관례들을 다시 작성하고, 제도와 개인 사이의 관계 방식을 다시 체계화하며, 사회 관계를 다시 맺는 일종의 예외적인 큰 의식으로 그것을 고려해야 한다.

이 교화적인 도덕주의는 형식적인 사회 질서를 재창조하지만, 당장은 어떠한 집단적인 철학도 다시 세우지 않으며 무엇보다도 실용적이다.

위치 측정의 단계

연극적이고 억압적이고 정화적인 도덕적 명령의 이 첫단계는, 곧 스스로 정당화하는 도덕주의의 두번째 단계에 자리를 내줄 것이다.

더 이상 무죄로 충분치 않을 것이며, '훌륭한 양심'을 가지고 그것을 보여 주어야 할 것이다.

사람들은 그것의 시초들을 얼마 전부터 벌써 보고 있다.

*자비를 베푸는 인물들(피에르 신부)이나 자연 환경을 보호하는 인물들(쿠스토)과 인도주의적인 기구들의 명성

에서.
* 집단 이익(오존층에 대한 위험이 없는 에어졸을 구입하기)의 관심을 상징하는 행동들의 성공에서.
* 텔레통(거국적인 자선 모금 행사)과 '자선 사업'의 다른 표명들에서.

그러나 여기서 도덕적 명령은 여전히 이데올로기적이기보다는 기능적이다. 훌륭한 양심의 편향적인 추구는 두 속도를 지닌 사회에서 갈등을 진정시키고 폭발의 위험을 제한하는 것을 꾀한다. 이 재건적이기보다는 방어적인 경향은 다음 10년간을 위해 뚜렷해지는 것처럼 보인다.

윤리를 다시 세우는 단계

90년대말은 도덕적이어야 하고, 엄격히 형식화된 규정에 맞는 정신과 약간의 자비에 동시에 기반을 둔 훌륭한 양심의 흔적이 있어야 한다.

오늘날 이 사회심리학적인 역학을 10년 이상 앞당기는 것은 더 어렵다. 그러나 오늘날에는 오로지 실용적인(균형이 깨진 사회의 잘 돌아가는 부분들을 다시 정리하기) 도덕의 이 절대적 필요성이 자신의 규칙들의 정당성 등을 세우기 위한 지도 원리와 철학·이데올로기를 스스로 추구할 것을 가정할 수 있다……

그때 이것은 정신성이기 전에 우선 엄격한 생활 도덕으로 정의되는 종교들의 부활을 촉진할 수 있다…… 게다가 벌써 큰 종교들의 가장 근본주의적인, 이른바 교조주의적인 분파들이 이 상황에 위치하여 놀랄 만한(그리고 아마 그것의 광신에 의하여 무서운) 능력의 동원, 충실과 희생을 보여준다.

2

도덕의 절대적 필요성과
그것의 다양한 표현들

독단은 질서를 세우려는 이 의지와 불변의 원칙들, 확실한 지표들, 선과 악, 선인과 악인 등 사이에 잘 그어진 경계와 확고한 분류를 추구하려는 이 의지에 중대한 위험을 낳는 요소가 된다.

왜냐하면 이 경우에 엄격함이 사회 내에 또다시 발전될 수 있고, 그때 그것의 기능을 마비시킬 수 있기 때문이다.

사회학적인 역설은 대다수의 집단적인 기질이 경제 법칙과 세계화의 압박이 불안정하고 항상 변화하는 세계에서, 더 많은 유연성·상대주의와 행동 규칙들의 개별화를 요구하는 바로 그 순간에(이것이 다만 그의 지도자에 대한 믿음을 회복시키기 위해서일지라도) 분명한 집단적 '자제심'을 회복시키려는 더 강한 욕구를 느낀다는 것이다……

그러므로 중대한 목적은 도덕을 재무장하는 이 사회학적인 주기로부터 실용적으로 재구성하고 파괴하지 않는, 공적이고 개인적인 윤리를 태어나게 하는 데 있다.

*합의상의 관례를 다시 그리고, 그래서 물질주의의 위기, 진행중인 급격한 변화, 이데올로기의 붕괴와 엘리트들의 신뢰성 상실이 지표들의 불분명함과 상실에 지나치

게 민감하게 만든 정신들을 안심시키기 위하여 충분히 형식화된 일반적인 윤리.

*그러나 국제적인 차원에서 또는 아주 단순히 기질, 생활 방식과 소단체가 모자이크처럼 분열된 우리 사회의 규모에서 커뮤니케이션·무역, 국제적이고 다문화적인 협력의 행사에 효과적이기 위하여 충분히 적응할 수 있는 윤리.

이 사회역학적인 추세가 독단을 피하고 사회 공백을 발생시킴 없이 피어나기 위하여, 그것은 될 수 있는 대로 빨리 원칙들의 엄격주의와 행동 방식의 적응성을 결합시켜야 할 것이다.

우리는 윤리를 다시 세우고 실용적으로 재구성하는, 이 이중의 절대적 필요성에 답하는 새롭게 태어난 이 도덕의 윤곽을 개략적으로 그릴 수 있다.

계약에 의한 도덕 쪽으로

모두를 위하여 유효한 **보편적이고 이론의 여지없는** 도덕의 개념에서부터 문서 협정, 또는 거기에 사인하는 사람들에게 책임을 지우고 개인 상호 관계의 지나친 체계화를 발전시키는, 도덕 계약의 형식하에 규정되고 국부적인 다른 현실에 적용되는 **일련의 계약에 의한 도덕**에 이르기까지.

3ᵐ 도덕적 명령

시민의 새로운 도덕 쪽으로

큰 계획들을 통하여 미래를 시사하는 고대인들, 제도들과 전문가들이 보유하는 지식의 도덕에서부터 다소 현실과 단절된 전문가들의 공화국이 아니라 행동에 참여한 시민 공화국까지.

새로운 사회 도덕 쪽으로

타인들은 소외시키면서 자신의 구성원들의 통합은 유리하게 배려한 **단체** 도덕에서부터, 개별적인 통합은 보증하면서 교육의 혜택을 누리지 못한 자들이 소외되는 학위의 도덕에서부터, 각자가 자신의 '소속 집단'을 발견할 조직의 도덕까지.

신체의 신성성 재부여 쪽으로

사회 도구로서 유지하고 **훈련해야 하는 신체**의 도덕에서부터 마찬가지로 신체가 외모(에어로빅·보디빌딩·성형외과)에서 다시 만들어지는 개인적 즐거움의 도덕까지, 환경에 잘 조화되고 정신적인 통합의 표시 장소로서 신체의 신성성 재부여의 도덕까지.

이 흐름은 정신이 생물학적인 신체와 더 일치하는 신체의 향상을 통한 금연·금주, 비만 예방, 도를 넘지 않는 움직임들의 가속에서 벌써 표현된다.

종극 목적의 도덕 족으로

인간이 자연과 자신의 본성을 지배하는 것으로 여겨진 진보의 도덕에서부터, 인간이 자신의 환경에 더 잘 통합되기 위하여 자연을 지배하기보다는 이해하고자 애쓰는 모두가 공유하는 종극 목적의 도덕까지.

이 모든 '도덕들'은 사회 규칙·사회 풍속, 정치와 경제 풍속을 다시 정의하고, 물질주의와 경제 성장의 절대적 필요성과는 다른 종극 목적을 장기적으로 찾는 산업 사회의 깊은 격변의 시대에 민주주의의 윤곽을 다시 정의하는 것을 목적으로 삼을 것이다.

II

실제적 파급 효과

각 전문 분야에 나타나는 결과들

(공직 · 기업 · 마케팅 · 커뮤니케이션)

정치적인 권력을 행사함에 있어
도덕의 절대적 필요성의 파급 효과

정치에서 도덕의 절대적 필요성은 이데올로기의 필요성을 가리킨다

그리 멀지 않은 과거에는

정치가는 무엇보다도 관념론자였고, 이데올로기는 자신을 내세우는 모든 행동들을 사전에 정당화시키는 도덕적 차원을 포함하고 있었다. 정치가는 민주적 선거 덕분으로 구현되는 집단 도덕을 소지한 선택된 웅변가였다. 도시 국가의 경영은 이상과 정치 이데올로기의 수정을 따라야 하는 부차적인 일이었다.

종전에는: 경영이 점차 정치 도덕을 대체하였다

정당은 점차 경영해야 할 사회 제도를 정복하는 기업이 되었다. 선출된 자는 무엇보다도 효과적인 그의 경영 능력

을 나타내 보여야 한다. 도덕은 수량화할 수 있고, 무게를
달 수 있으며, 측정할 수 있는 모든 것에 의하여 점차 자리
를 떠나게 되었다.

선출된 자의 지적 권위와 현실을 방법적으로 조직하는 능
력은, 그의 정치를 실행하기 위하여 이데올로기와 거기에
포함된 도덕에 의지하는 것을 점차 그에게 면케 하였다.

오늘날에는: '중립' 이 도덕 노릇을 한다

이상적인 정치가는 그의 도덕적 중립과, 특히 효과적인
그의 행동 능력에 의하여 정의된다. 이 맥락에서 이성·논
리·감정은 유권자를 위하여 그가 필요로 하는 대답들인
것 같다. 정치인은 갈등이나 열정이 없는 사회를 더 잘 경
영하기 위하여 품행방정법을 설치하는 조직자가 된다. 합법
성의 쟁취는 사회의 균형을 보장하는 것에 의하여 이루어
진다. 도덕적인 것은 대립 또는 정치적이거나 사회적인 투
쟁의 모든 가능성을 없애는 상황·현상을 지키는 것이다.

미래에는: 이데올로기적인 도덕의 복귀

정치가는 그의 행동의 내부에 도덕을 재도입하기 위하여
경영자, 선출된 자와 관념론자라는 세 가지 차원들을 수용
해야 할 것이다. 규칙과 문서의 수단이 모두의 도덕적 열망
을 간직하기에 더 이상 만족스럽지 않을 때, 이데올로기에

의지하는 것에 의하여 보장되는 도덕적 전제들이 필요할 것이다.

경제에서 도덕의 절대적 필요성은 도덕의 자유주의를 지향한다

그리 멀지 않은 과거에는: 도덕적 이익

과학과 사업의 세계는 전인류에게 행복과 번영을 가져다 주는 것으로 여겨지는 진행중인 서양 문화의 진보적인 사고에 의해 지배된다. 사람들은 경제자유주의가 공산권에 직면하여 경쟁력 있는 유일한 제도라는 생각만을 간직하고 산다. 부패는 규칙적으로 고발되고, 그것은 제3세계의 독재와 독재 정치의 사실이다.

과거부터 오늘날까지는: 사회에 불균형을 초래하는 자유주의의 재검토

80년대에 재정적인 성공의 찬미, 결과들의 절대적 필요성은 '사업은 사업이다'라는 표현에 의해 요약되는 태도를 조장하였다.

이 시대는 재정 상품의 항구적인 발명을 통하여 인위적으로 '재정의 거품'을 부풀리고, 컴퓨터로 처리되고 자동화된 순간적인 거래에 의해 재정의 증발성을 만드는 골든 보이들의 상승과 하락 등 가장 거칠고 극단적인 움직임에 의해 지배되었다.

이 시대는 모든 종류의 지나침을 자연적인 흐름에 내맡기면서 **일반화된 규제 불능**에 있다.

* 시장의 자유 경기가 비양심적이지 않다면, 그것은 통찰력이 없는 조작자들이 경솔한 위험을 가지면서 돌아다녔던 무대였다.

* 시민들은 재정의 큰 움직임들을 조직하는, 세계적인 큰 '포식 동물들'을 위하여 경제적인 결정에서 점차 제외되는 감정을 지닌다.

* 경제 우선은 사회적인 분열(실업, 추방, 주택 문제)로 이끌고, 사회의 균형과 조화를 위태롭게 한다.

실업은 유럽에서 지속적으로 자리를 잡고, 도덕 문제 이상으로 진실한 사회 문제를 낳는다. 기업의 어떤 우두머리들, 예를 들면 프랑스의 베르나르 타피, 스페인의 마리오 콩드, 이탈리아의 실비오 베르뤼스꼬니같이 급진 자유주의의 진실한 신봉자들이며, 80년대의 모리배들은 법에 의해 유죄 선고를 받는다. 법은 불법 계약, 부패, 세무 천국에서 재정적 수립을 고발한다.

이탈리아식의 '깨끗한 손' 운동이 오늘날 다른 유럽 국가에서 실행된다. 자유주의의 선도자인 절대 개인주의는 하락하는 가치이다. 기업가의 얼굴은 의혹으로 더럽혀지고, 절대 자유주의는 막다른 골목에 들어간 것처럼 보인다.

무법 경쟁, 극단적인 규제 불능은 여론을 민감케 한 남용을 낳으면서 실패한 것처럼 보인다.

설명적이고 미래 전망적인 제도로서 경제주의는 효과를 나타내는 데 점점 더 어려움을 지닌, 우리는 '도덕에 대한 자각의 시대'로 들어왔다. 도덕욕은 매스 미디어와 여론의 결합된 압력뿐만 아니라, 사업 세계에 규칙을 도입하려는 필요성에 답하기 위해서 나타나고 있다.(도덕 사업)

미래에는: '도덕 의식' 없는 이익은 영혼의 파멸일 뿐이다

도덕적 명령의 이 흐름은 여론 안에서 성장하기를 계속할 것이다. 사람들은 국민의 기대에 의해 정치·경제지도자들이 할 수 없이 국민의 더 많은 투명성, 통제와 참여를 위한 새로운 민주적 규칙을 정하는 것을 목격할 터이다. 그렇다고 해서 정당과 기업 출자의 완전한 분리는 정치적 표현의 다양성을 제한함 없이, 이상적으로 지나침과 남용을 한정할 수 있을 또 다른 방식의 출자를 위해서 인가될 것이다.

사람들은 개인이 제도에 의하여 부양되도록 격려하기보다는, 그에게 책임을 전가하면서 긍정적으로 사회 전선에 다시 활력을 불어넣기 위한 제명된 자와 소외된 자들의 '사회적 보호'에서 '사회적 지위 향상'으로의 변화를 지켜볼 것이다.

중요한 것은 시장 경제가 민주주의에 봉사토록 하고, 절제되고 도덕적 자유주의로 나아가기 위한 것이다.

2

기업 경영에 있어
도덕의 절대적 필요성의 파급 효과

제품의 판매는 더 이상 기업의 유일한 종극 목적일 수 없다. 기업은 동등하게 국민의 역할을 떠맡아야 한다.

그리 멀지 않은 과거에는: 효과와 경쟁의 도덕

각자 자신의 이익을 추구하는 기업 사이의 경쟁은, 전체 행복을 촉진하는 훌륭한 방법으로 서양 사회에서 받아들여질 수 있었다. 시장이 오히려 안정되고, 규모의 경제와 완전 고용 생산 시대에 기업의 도덕은 이익을 낳기 위한 효과와 결과가 된다. 이익은 라틴 사회에서 여러 가지 차이가 있을지라도, 가장 일 잘한 사람들에게 보답하기 때문에 이론상 다소 도덕적이다.

직원에 대한 기업의 반응은 주로 부자주의에 의해 부추겨진다. 기업은 '가족'이고, 외부 가치에 의해 닫히거나 내부에 자신의 규칙을 가지는 관료적 방식에 의해 조절되는 일종의 자율적 실체이다.

중요한 것은 개인이 믿거나 믿지 않는 것이 아니라, 조직체의 이데올로기에 그의 동의와 복잡하게 뒤얽힌 조직체 안에 함께 있는 '우두머리'에, 기업에 의해 정해진 '모델'에 대한 그의 충실이다.

기업 문화에서 도덕에 대한 직원의 관점은 네 가지 사항들로 요약된다.

1. 만일 활동이 법에 의해 정해진 한계를 넘어서지 않는다면, 그것은 도덕적이다.
2. 만일 활동이 기업의 이해 관계를 돕지만 매우 윤리적인 것같이 보이지 않는다면, 조직체의 이해 관계가 도덕보다 우세하다.
3. 활동은 경쟁자를 포함해서 모두가 같은 방식으로 행동하기 때문에 비난이나 기소에서 보호된다.
4. 만일 거의 도덕적이지 않은 활동이 조직체의 이해 관계를 돕는다면, 후자는 위험에 빠진 직원을 보호한다.

과거부터 오늘날까지 : 제품을 도덕적으로 정당화하는 것이 필요하게 된다

우리는 오늘날 그리고 벌써 여러 해 전부터 급변을 목격한다. 사회의 변화는 분명히 우리 조직체 내부에 현행 가치와 관례들의 급격한 변화를 낳는다. 이 급변의 이유는 무수하다. 국제 경쟁과 노동력의 상대적 비용, 지방색 없애기, 정보 처리, 마이크로프로세서, 자동 기계화의 대거 도착은 경영 관리의 균형과 완전 고용의 환상을 동시에 혼란에 빠뜨렸다. 구조 파괴, 인원 정리와 기업 집중은 기업을 더 가볍고 유연하게 만드는 결과를 가져왔을 뿐만 아니라 기업의 중요한 가치들을 특히 보유하는 '중간 경영관리자들'을 제거하였다. 그러므로 우리는 전문적 가치와 경험, 또한 도덕적 가치의 상실을 목격한다.

이러한 가치들을 잃고 해고에 의해 사기가 저하된 직원들을 위하여, 재안정은 새로운 제도의 동원과 관례들을 거친다.

도덕적 소비자의 시대는 지속적으로 우리 사회에, 서유럽과 미국에 자리를 잡는 것처럼 보인다. 그러므로 이 인구는 점점 더 기업과 그 제품 서비스에 까다롭다. 게다가 제품에 이어서, 이 소비자들은 기업의 더 넓은 활동에 점점 더 의아스럽고 회의적이며 비판적인 주의를 가한다. 그들로서는 조직체의 경영은 국가에 포함되어야 하고, 사회의 더 나은 기능을 돕기 위한 공민의 책임 형식을 맡아야 한다. 인도적 고려를 내세운 기업들의 성공 실례는 증가 추세에 있다.

* 반송된 각 라벨에 대해 자선 기구에 20상팀을 다시 붓는 에비앙사.
* 적도림의 보호를 돕는 유리 제조 기업, 벤과 제리스사.
* 팔린 각 장난감 곰에 대해 국경없는의사회에 50프랑을 다시 붓는 라 르두트사.
* 자사 제품은 동물에 대해 시험되지 않았음을 선언하고 제3세계 국가를 돕는 보디숍사.

도덕적 소비자로서 모든 능률적 경영의 첫 목표인, 그를 충실케 할 수 있는 기업은 진정한 도덕 의식과 함께 사회 의식을 또한 생산하는 기업이다.

게다가 개인적으로 집단적으로 점점 더 자신의 이익을 따르는 소비자들과 이용자들인 손님들은 동시에 더 선별적이고, 더 까다롭고, 특히 자신들의 '선택권'을 더 신뢰하게 된다. 그들의 관심들 가운데 다음과 같은 예를 들 수 있다.

* 어떤 제품을 팔아야 할 회사의 합법성.
* 특히 제3세계에서 생산 조건의 품위.
* 환경 보호.
* 기업의 사회 활동.

도처에서 압력 단체의 잠재적 대두, 기업 활동에 대한 사회 영향력의 증대는 기업이 새로운 기준에 적응하지 않을 수 없게 한다. 그것을 소홀히 하는 것은 기업에 대한 부정적 이미지의 위험한 짓을 하는 것이다.

게다가 의심스러운 관계나 사업에 조사의 열정을 집중시키면서 검사역을 하는 대중 전달 매체는 소비자와 일반 국민의 의심을 강조한다.

이 공세에 직면하여 소비자의 새로운 기대를 고려하여, 어떤 대그룹은 벌써 반응을 나타내었다. 제품 판매가 더 이상 유일한 종극 목적이 아니며, 기업은 동등하게 도덕과 국민의 주체이어야 한다.

자신의 환경 안에서 기업은 점차 자신의 불투명성을 버리고, 점점 더 국민과 책임자로서 위치하게 되고, 국가에 대한 책임을 가진다고 선언하며, 사회적 사명(예를 들어 다는

과 건강을 위한 다논재단)을 이어받는다. 기업은 계약권 부여에 있어 정당과의 관계 쇄신 의지를 투명한 출자와 일반적으로 자신의 활동에 더 큰 공명정대를 드러낸다.

미래에는: 기업의 도덕적 책임들

FORESEEN 연구소에 의해 실행된 연구에 의하면, 기업은 다섯 가지의 큰 도덕적 책임 분야에서 점점 더 시민 압력 단체와 사회 비판적인 시선의 표적이 될 것이다.

기업과 사회

기업은 한편으로는 도시의 생활 여건, 그것의 환경, 그것의 하부 구조(지방 발전, 협회와의 협력 등)의 개선에 기여함에 의해, 또 한편으로는 사회를 위한 활동(공해, 재구성, 일자리 폐지 등)의 비용을 투명하게 함에 의해 종합 도덕 진단을 받게 될 것이다.

기업과 일자리

런던실무학교 교수인 C. 핸디에 의하면, 1999년에 유럽에서 경쟁을 견뎌낼 수 있기 위해 기업은 적용해야 할 간단한 공식(1/2×2×3: 오늘보다 절반의 직원, 두 배의 보수, 세 배의 생산)을 가진다.

또 한쪽으로는 사회적으로 가장 앞선 나라들(프랑스·독

일·스웨덴 등)에서 일자리는 기업의 새로운 도덕적 책임의 기준이 될 것이다.

이들 사회의 시민은 기업에서 젊은이들의 교육·투자와 일자리의 범위 내에서 더 많은 도덕적 책임으로의 참여를 나타내는 일자리 조직 분야에서의 솔선을 기대할 것이다.

직업에 대한 기업의 책임들

지난해 미국에서 4백 명의 중간관리자들에 대한 앙케트는 그들 가운데 3분의 1이 그들 상사의 정직을 신뢰하지 않음을 보여 주었다. 55퍼센트는 그들의 직계 상사가 말하는 것을 믿지 않았다. 거의 65퍼센트는 봉급생활자들이 5년 전보다 기업에 덜 충실하다고 생각하였다. 이 평가는 57퍼센트의 미국 회사들이 마찬가지로 자신의 직원들에게 충실할 필요가 덜하다고 인정했기 때문에 상호적인 것처럼 보인다. 이 상황은 점점 더 많은 임시적인 일자리와 간부의 영역에서조차 기한부 계약에 호소함으로 말미암아 더 악화될 것이다.

직원과 고용주 사이에 어떤 권리와 상호적인 책임들이 있는가?

실행해야 할 어떤 규칙과 의무가 있는가? 기업의 동업자 또는 개인의 규칙과 의무가 있는가? 각 기업은 다른 '논리들'(직업에 관한, 경영과 인적 자원에 관한)의 종합을 만들어 공리화할 줄 알아야 할 것이다.

소비자에 대한 책임들

우리는 소비의 범위 내에서 '합법적인' 제품들(다른 기업에 비해 참된 기술과 진정한 감정(鑑定)을 갖춘 기업에 의해 만들어진 제품들), '도덕적인'(제3세계와 중국의 보통법 죄수들의 착취 등을 거부하며, 적당한 조건에서 공정하게 보수를 받는 노동자들에 의해 만들어진) 제품들을 찾는 경향이 증가하고 있음을 보았다.

소비자들은 점차 기업의 '능력,' 자신의 제품을 도덕적으로 합법화하려는 능력에 의해 안심하려고 할 것이다. 기업이 과연 공급자·직원들 등 자신의 사회 파트너들과의 관계에서 공정하고 정직한가?

기업의 총괄화

여러 도덕적 양상들이 여기에 존재하는 것처럼 보인다. 우선 오로지 경제적 요구에 토대를 둔 생산의 지방색 없애기, 이것은 기업의 출신지에 대한 사회적이고 도덕적인 정당화와 보상 없이는 점점 더 비판을 받고 도덕적으로 지키기에 어려울 것이다.

미국에서 총괄화는 더 많은 이익뿐만 아니라, 규범의 총괄화를 장려하는 이 문제(윤리적 투자)를 의식한 투자가와 조합이 요구하는 더 많은 도덕적 책임을 가져왔다. "이것은 기업이 자신의 이름으로 공급자와 그 공급자의 공급자에 의한 권력의 남용에 책임이 없는 제품을 스스로 만들지 않기 때문이 아니다." 이 논리는 규칙적으로 '품행방정증명서'를

교부하는 새로운 분야의 활동을 구성할 수 있는 윤리의 창
조로 이르게 한다.

경영을 위한, 기업의 온정주의적 윤리에서부터 도덕적 책임까지

효과의 강한 상관 관계는 항상 경영의 태도와 직원과 직
원의 훌륭한 성과를 위한 그것의 고려 사이에 존재했다. 어
떤 사람들을 위한 '전래의 정신,' 다른 사람들을 위한 '온
정주의.'

내일 총괄화와 조직 재편성을 고려해서 기업은 구조와
직원의 범위 내에서 점점 더 최소화할 것이고, 시장에 대해
유연성이 있을 것이며, 임무와 역할의 공리화보다는 개인의
능력과 자질에 점점 더 의존할 것이다.

그러므로 현장의 사람들이 기업 성공의 열쇠일 것이다. 동
시에 정책과 전술의 실행에 그들의 영향은 상업적일지라도,
기업의 정책·생산 또는 연구 정책이 그것을 실행해야 하는
자들과의 관련에 의존하기 때문에 점점 더 중요할 것이다.

정책은 만일 봉급생활자로서 직원의 열망뿐만 아니라 법
치 국가의 시민으로서 그들의 관심과 신뢰를 고려한다면, 관
련되게(그러므로 효과적이게) 된다.

그러므로 **경영의 역할**은 봉급생활자들이 갈 길을 알 수
있고, 그들의 직업적 태도를 적응시키도록 장려될 가치와

도덕성의 계수를 수립하는 데 있어야 한다. 채택된 기준들은 이중의 필요성에 답해야 할 것이다. 정치에 무관심한 기업의 사회적 책임의 요구와 기업이 밥벌이를 하는 시장 경제의 압박에 답하는 것.

여기서 지도력의 역할이 매우 중요하다.

* 우선 그것은 관례들이 바뀔 때, 직원의 노력을 집중하는 데 사용되어야 한다.
* 이어서 그것은 이 도덕 규칙을 실행하면서 기업이 하려고 애쓰는 것을 표현하고 발전시키는 데 사용된다.
* 마지막으로 그것은 이따금 뒤얽힌 개인들이 함께 일하기 때문에 같은 규칙과 가치를 공유하도록 장려되는 분위기를 조장하는 데 사용된다.

도덕적 명령의 1년

1970년, 밀턴 프리드먼은 그의 저서 《자본주의와 자유》(뉴욕 타임스사)에서 "기업의 사회적 책임은 자신의 이익을 증가시키는 데 있고, 경영자의 역할은 기업의 주주를 위해 되도록 돈을 많이 버는 데 있다"라고 썼다.

오늘날 FORESEEN 연구소의 연구에 의하면, 이 관점은 기업의 사적이고 공적인 파트너뿐만 아니라 소비자·손님과 이 기업의 직원에 의해 매우 비판을 받는다.

미래에 이익은 목적 그 자체보다는 수단으로 변호될 수

있을 것이다.

　내일의 기업의 주요 목표는 이 기업이 생존하고 번창하는 사회를 위한 활동들을 점점 더 잘, 더 많이 실행하기 위한 이익을 가져다 주는 데 있을 거라고 시사하면서 프리드먼의 관점을 부연할 수 있을 것이다.

　90/95년대의 기업의 방어적 태도를 건설적 태도로 바꾸기 위해 도덕은 군마가 되어야 하고, 조직은 불가피한 법제를 선행해야 하며 법을 앞서야 한다.

　새로운 관례들, 직업 윤리, 기업의 모든 주체를 속박하는 사장이 서명한 윤리 규범, 협력자를 위한 새로운 지표를 구성하는 가치들의 중심체를 수립해야 한다. 행위・행동과 실행에 **금지되는** 것을 규정하는 내적이고 외적인 관계들에 '도덕'의 존중을 수립하는 일은 **허가되고**, 특히 **장려된다.**
　그리고 그것의 명백함은 기업의 결정에 활기를 주는 윤리를 공개적으로 존중할 줄 아는 데 있을 것이다.

상업에 있어
도덕의 절대적 필요성의 파급 효과

분배의 경우: 이익은 윤리를 거친다.
'도덕적 분배는 더 많은 작업을 의미한다'

소비자는 품질만큼 도덕 관리를 엄격히 실행하는 가게들에서 쇼핑을 한다면 기분이 좋고 안심이 될 것이다.

지식 있고 신중한 고객 쪽으로

그리 멀지 않은 과거에는: 우리와 같은 사람들

분배의 도덕은 존재하고 장식의 일부를 이루며, 사회 조직에 통합되는 데 있었다. 가까움은 고객과 가치 분배를 보증하는 것이다. 그리고 현대주의의 가속은 최적 효과의 카드를 내놓으면서, 소비자가 유혹의 분위기에서 충동적 방법으로 행동하도록 배치된 소비 마당을 만들면서 이 '도덕'을 위태롭게 하였다.

과거부터 오늘날까지는: 소비자의 유혹부터 생활 방식의 수호까지

대형 슈퍼마켓과 쇼핑 센터의 발달은 같은 장소에서 공급의 방법을 다르게 한다. 분배의 도덕은 소비 장소를 생활 장소, 만남과 교역의 마을로 바꾸는 데 있다.

대규모 소매점간 가격 전쟁은 소비자의 생활 방식과 가치관의 수호에 거의 정치적인 이데올로기를 채택케 한다. (르 클렉, 오샹, 이케아 슈퍼마켓 등.)

미래에는: 헌장에 의해 정해진 도덕적 요구

대규모 소매점, 서신 판매, 방송 통신 구매 등 소비의 방법이 어떠하든간에 분배의 도덕은 다음 사항들을 거칠 것이다.

* 투명성과 가격의 정확함의 증명.
* 파트너의 정직과 소비자를 설득하는 그들 능력의 보증.
* 판매되는 제품을 만드는 기업은 외국에서 생산하게 할 때 최고로 잘 한다는 보증. (예를 들어 집 보증금, 미국, 노예가 된 아이들에 대한 반대, 보통법 죄수들의 노동에 대한 반대, 팩스에 의해 모든 공급자들에게 다 채우고 72 시간 내에 돌려보내야 하는 질문서의 발송.)

중요한 것은 무슨 일이 있어도 일단 파는 것이 아니라, 소비자를 충실케 하고 덜 조작하며 더 소비자 운동을 하는 머천다이징 덕분에 소비자로 대사가담자와 투사를 만드는 것임을 납득해야 할 것이다.

분배의 다음 전쟁은 정신 잃을 위험을 무릅쓰고, 낮은 가격의 카드를 내놓는 자와 봉사의 카드를 내놓는 자 사이에 일어날 것이다.

만일 다음 사항들을 단언할 수 있다면, 봉사가 그것의 비결일 것이다.

* 그의 접근하기 쉬움: "당신이 누구일지라도, 우리는 대기중입니다."
* 그의 존재: "당신을 평가함 없이 당신을 위해 우리는 항상 거기에 있습니다."
* 그의 대답 능력: "당신의 요구가 무엇이든, 대답은 당신의 취향에 맞추어질 것입니다."

그것의 다른 비결은 조작하지 않고 압력 없이 대기중이며, 객관적이고 요구를 들으며, 고객의 요구에 따라 안내하고 충고하기 위해 고객과 관련된 헌장을 존중할 것을 약속하는 충고자의 태도와 함께, 판매인이 판매인(배지나 제복의 복귀)을 닮는 새로운 투명한(현실적이거나 잠재적인) 판매 공간일 것이다.

이 추세는 또한 조직화되고 읽기 쉽고, 생활과 더 적은 위험에서 좋은 선택을 용이케 하며, 환경과 관련된 헌장을 존중하면서 그 제품의 생산이 그것을 파는 나라에서 현행 협약에 대한 어떤 위반으로 더럽혀지지 않는 제품을 알리는 판매 공간으로 이끈다.

도덕적 명령은 또한 거래의 명사(名士), 모든 산업 파트너가 관련된 모든 파트너와의 토론이 끝나고 세워진 사회 헌장을 존중하는 판매 공간인 사회철학과 게시된 윤리로 무장한 간판의 이미지를 유리하게 배려해야 할 것이다.

커뮤니케이션의 경우: 도덕적 부가 가치를 찾아서

상표의 경우: 도덕 계약으로 소개되는 소비

그리 멀지 않은 과거에는: 집단적 사회 발달을 위한 '선전 광고'

대중 광고의 시초에 소비는 대중 매체에 대다수 국민의 사회 발달에 대한 열망의 반영인 전통적 사회 모델의 소개에 의해 장려된다. 선전 광고는 사회에 인정된 신분의(좋은 주부, 책임감 있거나 성공하는 남편 등) 표시들이 빨리 될 상표의 지위를 향상시키기 위하여 기대되는 이 사회적 지위 향상의 표시들이나 제품을 이용한다.

사회적 성공으로의 이 경주는 또한 속담과 대중 양식이 수사학의 모델로 사용되고, 새것의 우수함이 옛것의 실효를 일소하는 교훈적 커뮤니케이션을 수반한다.

종전에는: 가치가 하락되다가 더 높은 가치가 부여된 소비 사회를 위한 개인적 가치들

70년대의 낡은 도덕 질서에 이의를 주장하는 지속적인 움직임 속에서, 선전 광고는 정신 상태와 품행의 해방과 관련된 문화적 변화를 동반하고 결정시킨다. "내일 나는 스타킹을 벗을 것이다"라는 아브니르 미리엄 캠페인은 그것의 늘임표로 지각될 수 있다. 그러나 대다수 제품 판매의 주된 목적은 기존의 도덕 질서와는 반대로 가장 무례한 메시지를 다만 몇몇 예외에 한정한다.

그러나 매우 빨리 상표는 소비에서 성숙의 개인적 가치를 만들고, 부유하고 강렬하고 무한한 삶의 그렇게 많은 징후로 물질적 획득에 가치를 부여한다.

자동차의 경우, 이것은 운전의 이기적 즐거움과 〈푸조 205 GTI의 제임스 본드〉가 그 원형인 푸조 GTI과 관련된 감동이다.

화장품의 경우, 이것은 방취제 '비 악티브'의 신선함의 보증과 함께 하루가 비행기 안에서 새벽에 시작되고, 카이로의 먼 바다에 있는 섬에서의 모임을 거치면서 리츠호텔에서 사랑의 만찬으로 끝나는 여성 실업가일 수 있다.

80년대에 소비 사회의 도취는 소비자가 점점 더 이미지·

기호·내용물 없는 잠재적으로 확실한 제품만을 구입하도록 이끈다.

오늘날에는: 급변하는 소비 사회를 위해
제품의 진가에 주어진 우선권

소비 사회가 전환기에 이르고, 그 가치가 68년대의 절대 자유주의적 이데올로기에 의해서보다는 위기에 적응하는 새로운 태도에 의해서 또다시 부인된다.

소비자는 점점 더 제품을 기다리고 요구하며, 덜 비싼 가격에 더 많은 제품을 원한다. 80년대 이후에 소비자의 새로운 도덕은 더 이상 그들을 구매의 어리석은 반사 작용에, 피상적인 논리에 의해 쉽게 설득되고 조종되는 개인으로 등장시키지 말 것을 요구한다.

커뮤니케이션 전략은 제품 구매에 이르게 하는 이성적인 동기를 깊이 연구하고, 선전 광고 메시지는 독특한 제품을 더욱더 부각시킨다.

선전 광고는 점점 더 고급 제품을 보여 주게 된다. 자동차의 경우 텔레비전 시청자는 충돌 시험, 푸조 406과 그 대담한 마네킹들, 튼튼한 조종사실이 모루인간에 저항하고, 측면 보호가 망치인간의 공격에 직면해 끄떡도 하지 않으며, 아이의 잠이 단 하나의 방음 장치에 의해 규정의 110데시벨보다 높은 여가수의 목소리에서 보호되는 시트로엥 삭소 자동차의 초현실적 고문 시험을 발견한다.

미래에는: 도덕적 부가 가치를 가진 제품

제품은 점점 더 그것을 시장에 내놓는 기업의 윤리와 도덕적 가치의 표현일 것이다. 제품은 틀림없이 세계와 소비에 대한 기업의 비전을 나타낼 것이다.

소비자는 점점 더 그가 선택할 제품의 도덕적 부가 가치에 민감할 것이고, 이 도덕적 부가 가치는 그것으로 선전 메시지의 한 요소를 만들기 위해 충분히 매력적인 세일즈 포인트의 다양화의 한 요소일 것이다.

이러한 제품을 소비한다는 것은 개인의 도덕적 비전을 드러내는 방법, 오로지 이기적 욕망을 만족시키기보다는 가치를 나누어 가지고 교환하는 방법일 것이다.

선전은 이 기능을 드러내고 무대에 등장시킬 수 있으며, 제품은 소비자간 공동 가치에 대해 사회적 관계의 주체가 될 수 있을 것이다.

미래에는: 도덕적 부가 가치를 가진 상표

어떤 상표는 자신의 위치를 나타내기 위하여 도덕적 가치를 사유로 할 것이다.

중요한 광고 캠페인들 가운데 세계적인 우애를 위한 것과 인종 차별에 반대한 베네통의 참여가 그 예시인 것처럼, 또는 기업의 도덕적 기반에 의거하면서 커뮤니케이션 활동이 시민의 삶을 더욱 좋게 하기 위해 이익의 7.5퍼센트를 분배하는 활동을 서두르게 하는 벤과 제리스사가 아이스크림 분야에서 이 상표 위치의 신기축을 이룩하는 것처럼, 상표는 풍부한 도덕적 가치 내에서 표현의 새로운 영토와 새로운 신조를 발견할 것이다.

선전 광고는 협정과 법의 존중 안에서 완전히 정의된 사회적 역할을 무대에 등장시키는 경향이 있을 것이다. 배역은 새로운 문구를 반영하고, 연출은 맥도널드 선전 캠페인 "맥도널드에서는 이처럼 행해진다"가 이미 삽화인 공동체 분위기를 반영할 것이다.

이 사회문화적 흐름에 일치하기를 바라는 상표는, 이기적이고 자기 중심적인 소비에 반해서 제품 선택에 개인의 진실한 참여의 환경적이고 사회적인 파급 효과를 알아보고 비교하고 평가하는 데 관심을 가진 시민의 책임 있는 소비를 위해서, 시민 제품의 좋은 선택과 구매의 도덕적 가치를 위한 소비자의 열망을 반영해야 할 것이다. 다만 이 방법에 의해서 소비자는 도덕적이거나 사회적인 개인의 불균형 없이 구매를 실현하는 감정을 가질 것이다.

기업의 경우: 기업 이미지의 본질적 기준들인 윤리와 가치관

종전에는

기업 이미지는 산업의 성공(발전, 혁신, 제품의 품질), 재정의 성공(이익), 지위(시장에서의 위치)와 자주 발기인의 것인 여러 개의 가치관을 한데 묶는 일련의 기준들이다. 산업의 큰 성공을 거둔 중소기업총연합회의 상사는 항상 그 발기인의 가치관에 의해 평가되고, 그 상속자에 의해 영속되었다. 따라서 이 가치관은 가장 자유주의적이거나 기업가적인 이데올로기에서부터, 특히 프랑스에서 기업의 소유와 경영이 밀접히 관련되는(포드사에서 미슐랭과 푸조사에 이르기까지) 조상 전래의 가치관을 거치면서, 가장 인도주의적인 이데올로기까지 가는 다른 이데올로기의 결실일 수 있었다.

비록 이 가치관이 내부적으로 대단히 중요한 역할을 하였더라도, 과거에는 고객이나 주주를 위해서 특별히 결정적인 조건을 나타내지는 않았다. 한쪽은 특히 제품의 품질과 상업 조건에 민감했고, 또 한쪽은 성과의 규칙성과 결과의 안정성의 기준에 민감했기 때문이다.

그러나 앵글로 색슨계의 자본주의 국가에서 주주의 신분에 연금의 큰 제도에 의해 행해진 역할을 고려해서, 주주의 이해 관계의 조정과 변호의 여러 규칙이 이 나라에서 기업 이미지 평가의 중요한 기준이 된 어떤 '자본주의 도덕'을 보장하기 위해 '공동 관리'의 개념하에 설정되었다.

프랑스에서는 실제로 독립되고 까다로운 제도상의 주주의 신분이 없고, 기업간 엇갈린 참여에 의하여 '자본주의 도덕'의 규칙과 조정이 설정되지 않았다.

기업의 국제적 확장, 재정 유통의 세계화는 기업 이미지의 평가 기준을 변하게 만들었다. 경쟁력이 강한 기업은 세계적으로 성공하고, 세계적 규모의 전체 시장에서 발전할 수 있으며, 시장 제재로부터 벗어나게 하는 재정 상황에 위치한 기업이다.

이 이미지의 절대적 필요성은 기업의 평가를 분명히 하였고, 자주 지방 문화에서 발기인의 이미지에 의해 구현된 윤리와 가치관의 개념을 고객과 주주의 문제된 목표에 관련성도 영향도 거의 미치지 않는 기준으로 전락시켰다.

오늘날에는 : 분명히 정의되고 표현된 윤리의 필요성

오늘날 기업은 비윤리적 행동의 경우에 소비자나 주주에 의한 제재의 위험에서 벗어나지 못함을 이해해야 한다.

오늘날 도덕의 이 절대적 필요성에 적응하기 위해, 기업은 윤리 의지를 공리화해야 한다. 실제로 목적은 기업의 운행 방법과 행동에 있다. 우선 목적은 경영 관리에 속한다. 비록 초기에 윤리 의지가 윤리위원회의 설립에 의해 표현될 수 있다 해도 매우 빨리 증거를 대야 한다.

오늘날에는 경영 관리를 더 이상 이야기만을 듣고 판단하지 않고, 행동을 보고 판단한다.

이 윤리 의지를 공리화하기 위해 두 개의 큰 방향을 검토할 수 있다.

우선 기업이 자신에 대한 기대와 함께 자신의 이미지·자세·이야기에서 일관성 있게 하기 위한 신뢰의 관계를 수립하기 위해서 기업의 경영 관리와 기업, 기업과 외부 세계 간의 지난 약속인 공동 관리를 검토할 수 있다.

공동 관리는 주주와 봉급생활자에게 기업이 '자본주의 도덕 질서' 안에서 경영되고, 그들이 규칙을 존중하며, 특히 투명한 표현으로 정보·경영과 경영자의 역할 해명의 필요한 관리가 제자리에 있기 때문에 기업에 투자하는 것을 보장하게 만든다.

예를 들면 프랑스의 지방 은행에 각 경영자가 이사회에 참석하고, 기업의 생존에 관한 여러 위원회에 참석하며, 아이디어와 조언을 공급하기 위해 정해진 주제에 관심을 가질 것을 약속하는 경영자 헌장이 존재한다.

두번째 방향은 가치관 헌장의 수립이다. 가치관의 부과는 경영 관리에 의해 구현된 대성공의 필요성뿐만 아니라 기업이 활동하는 사회, 이 가치관이 기업의 공민 정신을 보장하고, 기업의 사회적 유용성 및 시민 차원에 가치를 부여하거나 기업의 인적 자원 정책 혹은 상업철학을 표현하는 사회를 위한 기업의 활동에 의미를 주는 다른 가치관에 기업을 위치시키는 방법이다.

윤리 이미지의 구성은 어떤 순간에든 그 생존이 기울 수 있는 기업을 위해 그만큼 더 중요하고 중대한 위기 형태인 윤리 사고가, 그 필연적 결과인 조정 사고와 함께 기업이 커뮤니케이션에서 관리를 배워야 하는 위험이다.

예를 통해서 기술에 관한 위험에 직면한 대기업, 특히 핵 편성의 대기업이 오래 전부터 이 윤리의 필요성에 대한 공유를 기업 내부에서 배웠음을 보는 것은 재미있다.

핵안전보호연구소에서 커뮤니케이션의 구성에는 사고에 관해서 말하고, 어째서 발언해야 하는지 말하는 것이 올바르며 도덕적으로 당연한 것인 윤리 구성의 부분이 있다. 이것은 윤리적 가치관이 여론과 공유되도록 하기 위해 관련된 환경의 현실과 같은 상황에 놓기에 의한 훈련이다.

다논사가 판매 촉진을 위해 주문한 5천 개의 축구공이 아이들에 의해 만들어진 것을 알았을 때, 그 공들이 프랑스에 도착하기 전에 그것들을 파기하라는 결정이 내려졌다. 이것은 커뮤니케이션사가 특히 주의 깊기 때문이 아니라, 기업의 가치관과 외부에 대한 빠른 결정의 필요성을 이해하고 있기 때문이다. 이 빠른 결정을 가능케 한 것은 다논사의 가치관이 경영 관리에 대한 담론이 아니라, 기업의 외부에서 처럼 내부에서 공유되고 이해되고 확산된 어떤 것이라는 점이다. 조정의 차원에서 기업 이미지를 손상하기 쉬운 위기 상황일 수 있는 것이 매우 빨리 무사건이 되었다.

기업이 그의 윤리를 구성하는 전체 규칙과 그 규칙에 생명을 부여하는 가치관을 스스로 정의하고 이용하며 분명히 표현할 줄 아는 만큼, 더욱더 강하고 존중되며 매력적인 이미지를 그의 다른 목표의 대상들(고객·주주·기숙사원과 모집된 회원)을 위해서 가질 것이다. 이 가치관은 커뮤니케이션의 차원에서처럼 봉급생활자에 대해서만큼 경영자의 태

도, 제품의 개발과 생산·공급자와 고객간의 관계에서 잘
표현되어야 할 것이다.

4

도안, 디자인, 포장에 있어 도덕의
절대적 필요성의 파급 효과

옛날에는: 진보 훈장을 받은 사람들

기업이나 그 제품의 도덕적이거나 윤리적인 성격은 동류의 인정을 거쳤다. 기업이나 제품은 훈장을 받고 상을 탔다. 기업의 역사와 그 제품의 뛰어남을 우리는 다양하게 읽을 수 있다. (예를 들어 마티니 병의 라벨.)

그리고 모더니즘과 함께 제품이나 기업은 기술적인 진보의 형태에 일치하면서, 단순하고 공기역학적이며 인간공학적인 형태에 자리를 내주기 위해 괴상하고 축적된 이 성격에서 해방되었다.

과거부터 오늘날까지는: 순수한 것의 추구

80년대에 단순화와 기본형(정사각형·원·삼각형)을 추구하는 과정이 한계에 이르렀다.

정신성과 도덕은 오늘날 투명함(루브르박물관의 피라미드)에서, 무게(모든 것은 떠야 한다)와 관련된 가구에 대한 '발들'의 거부에서, 건축물을 위한 불투명의 거부(카르티에 재단)에서 제품과 투명한 포장의 진실성에서 재발견된다.

이 '진실성'의 추구는 거짓의 껍질에서 해방된 '투명한' 제품의 유행에서 재발견되고, 이 제품은 자신의 투명함에서 안전하게 순수의 상징, 즐거움의 약속을 보게 한다.

미래에는: 자선 사업의 훈장을 받은 사람들

자신의 올바른 도덕성과 근원을 나타내고, 모범적인 행동을 내보여야 할 것이다. 합법적인 구역 내에서 각 제품은 집단이나 단체(WWF, Aids)를 위해 일하고, 미학적으로 논하면서 인정하고 장려할 미리 정해진 법의 상표에 의해 통합되는 것을 보여야 할 것이다. 제품의 올바른 사용은 커뮤니케이션에서 보여지고 증명되어야 할 것이다. (예를 들어 에비앙과 일상적인 많은 품질 관리.)

5

사생활에 있어 도덕의
절대적 필요성의 파급 효과

부부의 새로운 도덕

그리 멀지 않은 과거에는: 충실과 희생의 도덕

부부는 서로 충실을 맹세하고, 자신의 조건과 사회 환경에 맞는 누군가와 결혼하였고, 이것은 일생 동안 이어졌다. 부부의 도덕은 가족 구성과 관계 강화의 도덕이었고, 아이는 부모보다 더 잘하고 사회 계급이 높아야만 하였다.

부부는 아이들에게 도달점, 가족 중심, 자라게 하는 터전과 성공의 발판이었다. 희생의 도덕의 이름으로 부모는 자신의 몸과 마음을 아이의 미래에 바쳤다.

과거부터 오늘날까지는: 개인적 무도덕성과 대체되는 도덕들

개인주의와 가족 단위의 점진적 파괴, 내연 관계, 부부 별거, 이혼, 외부모 가정, 결혼 관념 자체의 재검토, 성의 해방은 훌륭한 도덕 관념의 공식화나 체계화에 실제 지속적으로 요구되지 않는 대체되는 도덕들에 그렇게 많은 출발점을 나타내었다.

점차 부부는 갱신할 수 있는 일정한 기간 동안 자유 의지로 수락된 합의가 되었다.

미래에는: 대화와 협력의 도덕

에이즈는 사랑의 관례를 매우 혼란에 빠뜨렸고, 어떤 나라에서는 '정치상 옳은' 태도가 전형적인 빅토리아 여왕 시대의 청교도주의의 격화에서 폭력의 위험을 최대한으로 폐기하는 엄격한 법에 의해 개인 사이의 관계를 정지시키기까지 했다.

도덕의 이 절대적 필요성은 성적인 것만큼 감정적 무해를 추구하면서, 최대한 이웃을 해치지 않으려는 행동을 장려할 것이다.

그러므로 오로지 금지만이 아니라 긍정적 방향에 기초를 두고, 부부가 더 이상 도달점이자 종결이 아니라 진실한 협력과 발전을 위한 출발점인 대화 도덕의 관례를 제자리에 놓는 것이 중요할 것이다.

신체의 새로운 도덕

과학과 건강의 도덕

프랑스에서 오염된 피(에이즈)의 사건 후, 과학이 그 연구의 윤리적이거나 도덕적인 진전을 고려할 줄 몰랐던 '미숙한 앎'의 전달자인 것처럼 보이는 '클론' 사건 후, 규범과 도덕 지표의 상실에 대하여 공동 생활 관례의 재정의를 예상할 수 있다.

현대 세계의 복잡성, 과학의 발달과 생물학의 발견에 직면하여 윤리위원회가 새로 만들어지고, 생명 윤리에 관한 법이 유럽의 다른 국회(프랑스·독일)에 의해 논의되고 가결되었다.

여러 질문들이 제기되고, 여러 방향들이 나라에 따라 잡혀진다.

* 법률을 제정해야 하는가? 독일·프랑스: 산모에 반대.
* 실험해야 하는가? 영국·미국.
* 하는 대로 내버려두어야 하는가? 이탈리아: 전문병원에서 50세 이상의 여성들에 대한 출산 관광의 통제 불능과 교회를 통한 비난.

지금부터 벌써 새 얼굴의 핵물리학자·분자유전학자 이후, 새 얼굴의 분별 없는 학자가 나타나는 것을 볼 수 있다. 인간 게놈의 계획이 불안하게 만들고, 실험실에서 만들어진 완벽한 아기의 새로운 신화가 멀지 않았다. 이것은 태아를 선별하면서 인간이 신이 되는 최후의 위반을 상징한다.

신체가 특히 중요한 목적이 된다.

*국제적인 장기 암거래의 소문을 떠나서,

*클론의 실험을 떠나서,

*과학의 개입에 의한 출산의 모든 실험을 떠나서.

단 하나의 질문이 제기된다. 어떻게 신체가 사물화와 상품으로의 전환의 운명에서 벗어날 수 있는가? 용어의 엄밀한 의미에서 모두의 인정을 받기 위해 정당화가 정신적이거나 종교적인 요소에 과학적 요소를 결합시켜야 하는 금기의 표현 쪽으로 향하는가? 그때는 신체의 과학적이고 신비적인 개념의 길을 갈 것이다.

FORESEEN 클럽 초청자들의 시각

상기의 추세와 그 여파에 대한 초정자들의 자유 의견들

FORESEEN 연구소의 작업들은 모든 조직들과 기업들, 그리고 그 지도자들을 위한 방향과 적응 방법을 알려 주는 도구가 되고자 한다.

Havas Advertising 그룹이 이러한 연구들을 착수하고 발전시킨 것은 사회학을 가장 훌륭히 이해함으로써 가장 이상적인 정치, 가장 이상적인 경영, 그리고 가장 이상적인 마케팅을 구현한다는 바로 이러한 개념을 토대로 해서이다.

이러한 이유에서 이와 같은 분석들의 참신한 면들을 수집하고, 그것들에 대해 자유롭게 토론하기 위해 Havas Advertising의 사장인 알랭 드 뿌질락은 정기적으로 모든 부문들과 모든 직업 분야들, 민간 기업들 또는 공공 서비스 부문, 국가 행정의 지도자들과 책임자들을 규합한 것이다.

우리는 바로 이 'FORESEEN 클럽'의 회원들에게 반응을 요구하고, 이러한 사회문화적 조류에 대한 자신들의 관점을 밝혀 주기를 요구했다.

* 그들은 추세에 대한 이러한 가정에 동의하는가?
* 여기에서 그들은 단절을 느끼는가, 아니면 단순한 변화를 느끼는가?
* 미약한 불꽃인가, 아니면 무겁고 장기적인 조류인가?
* 그리고 그들 자신의 고유 분야와 활동 영역에 관련하

여, 그들은 어떠한 결론들을 내리게 되는가?

왜냐하면 사회 추세와 사회의 역동적 조류는 확률의 시나리오들이고, 사회의 주역들이 그들의 선택과 결정에 의해 심오하게 다듬어 가는 심리사회학적인 잠재적 집단 에너지일 뿐이기 때문이다.

자신들이 책임자로 있는 조직을 대변하는 것이 아니라, 사적인 차원에서 발언자 자신들만을 구속하는 이러한 자유스러운 발언들이 추세와 그 결과들에 대한 보다 넓은 집단적 성찰을 나누기 위해 이 토론의 자리에 함께 모아진 것이다.

1

마르틴 오브리

    도덕의 절대적 필요성이라 부르는 이 사회학적 조류의 존재에는 여러 이유들이 가득하다. 실제로 경제적이고 사회적인 위기를 떠나서, 우리 나라가 전례 없는 도덕적 위기를 겪고 있음을 모를 리 없다. 오늘날 국민들은 항상 더 많은 부와 아울러 더 많은 배척된 자를 낳을 수 있는 우리 사회의 급변과 세계화의 결과들을 염려한다. 그들은 대개 강자의 법이 승리하고, 동업조합주의와 개인주의가 항상 공동의 선에 이기는 사회 모델을 염려한다.

    게다가 그들은 오늘날 세계가 그들에게서 멀어지고, 특히 정치나 경제에서 그들의 대표가 불가피해 보이는 미래의 변화에 영향을 미칠 능력을 더 이상 가지고 있지 않다는 느낌을 갖는다.

    부정할 수 없이 위기의 가속과 함께 이해 부족의 간격이 국민과 공적 대표 사이에 벌어진다.

    정치 활동에 있는 우리의 책임은 크다. 그것은 의식을 회복시키고 관점을 제시하며, 우리가 세우려는 사회 계획에 대해서 토론하고 우리의 할 것과 그 방법을 말하는 데 있다.

    강하고 동원할 수 있는 공동 계획이 실제로 없기 때문에 새로운 관례가 무수한 개인적 이해 관계에 의해 산산조각이

나고, 분할되고 모양이 뒤틀린 사회를 재가동하기 위하여 필요한 것처럼 보인다.

기본적인 문제들이 제기된다. 이것은 보편적인 사회 보호 제도의 용도, 미래와 함께 사회 모델의 목적이다. 우리는 무엇을 하기 원하는가? 어떻게? 누구와 함께?

이 질문에 대한 대답과 분명한 관례가 없으므로, 우리 민주주의가 여전히 오랫동안 그 자신을 의심할 것임을 확인하기를 두려워하지 말자.

당선자가 그의 약속을 지키지 않을 때 유권자의 비난을 어떻게 더 이상 듣지 않을 수 있을까? 우리가 권력의 행사를 개인의 이익과 혼동하고서 전체 정치지도자의 명예를 손상시키는 소수의 '모리배'적인 행동에 의해 초래된 비난을 어떻게 할 수 있을까? 전략적인 결정이 산업 논리가 아니라, 재정과 증권거래소의 규칙을 따르는 것처럼 보일 때 기업의 봉급생활자를 어떻게 동원할까? 이와 같이 여러 예를 되풀이할 수 있을 것이다.

진리는 분명하고 명백한 관례의 부재가 저마다 자기 일에 전념하기를 강화하면서 환멸과 실망을 가져다 준다는 것이다.

정치에서 프랑스인들을 정치와 화해시킬 수 있는 유일한 새로운 관례는, 무엇보다도 우리가 가장 중요한 위치에 되돌려 놓을 의무가 있는 가치관이다. 우리는 각 결정의 중심에 인간이 위치하도록 해야 한다.

모든 정치 활동의 토대는 사회에 의미를 부여하고, 각자가 위치할 수 있는 공동 지표를 주는 데 있다. 그렇지 않으면 정치적 참여는 집단적 표현의 성질을 잃고, 사회적 지위의 쟁취와 친구나 지지자, 또는 자기 자신을 위해서 일하는 더 나쁜 버릇 같은 부수적인 버릇들과 함께 권력 행사 장소의 쟁취로 귀착될 수 있다. 그때부터 이러한 버릇들이 은밀한 흥정, 공동의 선을 발판으로 해서 이해 관계의 획득으로 귀착되는 것은 놀랄 만하지 않다. 나는 이러한 개념의 정치가 무수한 민주주의 국가들에서처럼, 오늘날 마찬가지로 프랑스인들에 의해 심하게 배척받는다고 깊이 믿는다.

우리의 가치관을 가장 중요한 위치에 되돌려 놓는 것은, 우선 연대 의식과 정의가 살아 있게 하는 것이다.

나는 특히 연대 의식의 개념에 지체할 것이다. 왜냐하면 이것은 몇몇 관례를 복원시킬 필요성을 잘 표현하기 때문이다.

경제 경쟁이 오늘날 더 거대하고 격렬하기 때문에, 조정 장치가 옛날보다 확실히 더 강해야 한다. 연대감 없이 우리는 간격과 사회적 불평등이 깊이 패게 내버려둘 것이다. 20퍼센트에 해당하는 세계에서 가장 부유한 자들과 20퍼센트에 해당하는 가장 가난한 자들 사이의 소득 격차가 30년 만에 2배로 증가된 것을 생각하자.

나를 잘 이해한다면, 연대 의식은 다만 도구뿐만 아니라 국제적 수준에서만큼 한 나라 안에서 도덕적 요구로 가정되어야 한다.

그러나 연대 의식은 원조뿐만 아니라 개인의 책임까지도 거친다.

여기에 잘 신봉해야 할 하나의 관례가 더 있다. 연대 의식은 실제로 각 개인에 대한 내기와 분리될 수 없으며, 결국 어려운 시기를 통과하는 자들을 포함하여 사회가 각자에게 돌리는 신뢰와 분리될 수 없다.

어떻게 기본 권리가 점점 덜 준수될 때조차, 국민이 자신을 진실로 사회의 완전한 권리를 지닌 일원으로 간주하기를 바랄수 있을까? 물론 이것은 일할 권리, 주거할 권리, 건강과 교육을 받을 권리이다. 요컨대 이것은 사회에서 살 권리, 사회적 지위와 인정을 받을 권리이다.

그러나 만일 사회가 사회적 존엄성의 길로 다시 돌아가도록 가장 약한 자들을 도울 의무가 있다면, 또한 떠맡아야 할 공동 의무도 있는 것이다.

개인주의와 동업조합주의가 공개 토론을 억제하면서 우리는 공동 이익의 개념을 잃었다. 정치인의 책임은 공화제 모델의 독창성이자, 근원인 공동 이익의 개념을 또한 소생시키는 것이다.

이 무수한 요소들은 정치와 불안한 거리두기를 만드는 것이 다만 '사업'이 아님을 증명한다. 나의 신념은 다시 공동의 가치관을 만들고, 각자가 결부될 수 있는 공동의 계획을 세우는 것이 무엇보다도 중요하다는 것이다.

대다수가 믿을 수 있는 것과 반대로 나는 우리 국민이 동원되고, 각자가 권리와 의무로 만들어진 자신의 자리를 발견하는 사회를 세우려는 의지가 있음을 확신한다.

급진 자유주의, 투명성과 확고한 공동 전망의 부재는 어떤 이해 관계 집단이나 사회 계층이 용케 궁지를 벗어나게 한다. 이 모든 개인주의는 분명히 감각 상실과 사회에 전체적인 중요성을 부여하는 계획의 부재로 존재한다.

물론 정치에서 더 많은 도덕은 민주주의 규칙을 끊임없

이 연구하고, 공개 토론과 결정에 더 많은 투명성을 보장하며, 나중에 결정의 효력을 구속하지 않고 국민의 참여를 발전시킬 수 있는 적합한 통제 도구를 만들면서 권력을 행사하는 것이다. 이 점에서 공개 토론을 낳는 것은, 민주적 삶의 기본 요건이며 구성 요소이기 때문에 꼭 필요하다. 이것은 국민의 동원을 돕고, 선택을 명확하게 하며, 결정의 실행을 쉽게 한다. 사회의 어떤 근본적인 개혁도 모두의 지성·이성·너그러움에 호소하지 않고는 더 이상 일어날 수 없다는 것을 오래 전부터 알고 있다. 꼭 필요한 어떤 개혁도 상부에서 강요될 수는 없는 것이다.

관례를 바꾸는 것이 지금 꼭 필요하다. 이것은 여론 속에 널리 표현된 의사이고, 우리 민주주의에 새로운 도약을 불어넣을 기회이다. 이렇게 해서 우리는 새로운 세대가 민주주의를 믿고, 자신의 미래에 책임을 지는 적극적인 국민이 되고 싶어하도록 준비시킬 것이다.

2

장 폴 바이이
R. A. T. P. 사장

FORESEEN : 귀하의 의견으로는 도덕의 절대적 필요성이 기초가 튼튼한 추세인가요, 아니면 부대 현상인가요, 아니면 사회 속의 문화 혁명인가요?

장 폴 바이이 : 도덕의 절대적 필요성이 장기적인 추세인가, 아니면 미약한 불꽃인가? 저는 이것이 우리 사회의 어떤 깊은 변화에 답하는 기초가 튼튼한 추세라는 느낌이 듭니다.

어떻게 해서든 사회에는 규칙과 질서가 필요합니다. 우리는 가족의 역할, 어느 기본적인 매개 집단(교회·학교·국가·정당 또는 노동 조합)의 역할 같은 어떤 조정 요소들이 약해진 세계에 삽니다.

우리 사회의 변화는, 특히 모든 나라에 공통된 경제적이고 사회적인 규칙의 부재에 의한 불균형을 초래하는 세계화로 인해, 그러나 세계화와는 반대로 모두에게 더 많은 자율, 새로운 술책의 여유, 더 중요한 발의와 결정 능력을 제공하는 분산으로 인해 규칙의 존재를 더욱더 필요하게 만듭니다. 이것은 새로운 규칙과 함께 이 변화를 이끌 수 있음을 가정합니다. 기업이나 공직의 조직체 안에서 그것을 확인합니다. 현(現)문제의 대부분은 제어되지 않은 분산에 의한 것입니다. 항상 새로운 관례를 정확히 하지 않고 아주 단순히 동시에 보충적인 술책의 여유를 제공하였습니다.

FORESEEN : 귀하의 의견으로는 도덕의 절대적 필요성은 우선 새로운 관례를 두는 것이 급선무인가요?

장 폴 바이이 : 저는 새로운 관례가 우선 안정되기 전에 많은 혼란과 함께 그 스스로 절실히 요구될 거라고 생각합니다. 따라서 학교처럼 우리 사회의 어떤 창립 기관들이 전적으로 제 역할을 다시 맡고 되찾으며, '가족' 단위가 재편성되지 않고 적어도 제 권위를 재확인하도록 기대해야 합니다. 그러나 분명코 국가 차원에서, 이따금 국가를 점차 능가하는 차원에서조차 연방의 관례, 지방이나 심지어 지방을 초월한 관례가 태어나도록 상황이 더 한층 변할 것입니다.

기본적으로 덧붙여 말하지만 경제 상황이 연대 의식과 공정의 개념을 더욱더 중요하게 만들 것입니다. 세계의 일부분이 남아 있는 어려운 상황에 직면하여, 다음 10년에 깊은 흔적을 남길 이 새로운 도덕의 출현을 가리키는 정의·공정과 연대 의식의 요구들이 있습니다.

게다가 저는 이 도덕의 요구가 젊은 세대들에게는 벌써 상당히 존재한다고 확신합니다. 오늘날 젊은이들은 우리 성인들이 통합하지 못한, 그러나 당연히 존재하는 요소들(가족·교육 등)을 독점하고 있습니다. 이것은 긍정적인 징조입니다.

FORESEEN : 만일 도덕의 절대적 필요성이 사회 균형의 기본 요소가 된다면, 이것은 국제 무역, 수출 시장의 조건, 세계 경쟁력의 조건과 양립될 수 있습니까?

장 폴 바이이 : 저는 이 개념을 반대되는 말로 표현하지는 않을 것입니다. 전체 도덕의 부재가 얼마나 기능 장애를 초래하며, 실제로 제3세계 후진성의 놀라운 수준으로, 그리고 더 발전된 사회에 존재하는 조직상의 기능 장애로 측정되는 상당한 전체적인 무능을 얼마나 일으키는지 압니다.

종합적으로 현체제가 특별히 전체적인 효과가 있다고 간주할 수는 없습니다.

반대로 저는 이 새로운 가치관이 더 전체적인 효과의 발전 조건이라고 생각합니다. 그러므로 이 새로운 가치관은 오히려 하나의 기회입니다. 중요한 것은 엄격하고 복잡한 법규보다는, 오히려 도덕적이고 개인적인 관례를 세우는 것입니다.

물론 경고·규칙과 정확한 법규의 요구가 있을 것입니다. 그러나 올바른 방향으로 나아가는 것이 다만 점점 더 복잡하고, 점점 더 우회적인 법규의 증가에 의해서라고 생각하는 것은 아마 잘못일 것입니다.

달리 말하면 정말로 이 사회학적인 추세의 초석을 세우는 것은, 지나치게 복잡한 법규보다는 오히려 개인의 도덕 규칙 요구와 여러 가치관으로 생긴 각자의 행동입니다.

그렇기 때문에 사회는 뭐니뭐니해도 이 추세의 공유되는 표현을 돕기 위하여 몇몇 강한 상징적 요소들과 여러 관례를 내세우는 것이 필요할 것입니다.

오늘날 중요한 것은, 특히 투명성과 통제의 분야에서 해야 할 일이 남아 있다는 것입니다.

FORESEEN : 귀하는 사회의 더 나은 효율을 위하여 개인의 도덕 규칙 관념의 중요성을 언급하였습니다. 그러나 개인의 규칙은 지도자·결정권자뿐만 아니라 국민의 편을 들수 있습니다. 오늘날 지도자와 결정권자가 조금 제물로 보이는데 그들이 같은 기준에 따라 평가될 수 있나요?

장 폴 바이이 : 약자를 위한 도덕과 강자를 위한 도덕이 있을 수도 없고 있지도 말아야 합니다. 어떤 의미에서 이것은 도덕의 부정일 것입니다. 그 반면 지도자의 문제는 세계가 바뀌었다는 것이고, 암암리에 규칙이 분명히 세워지고 투명해짐 없이 점차 바뀌었다는 것입니다.

어떤 행동은 반드시 도덕성의 용어로 모든 문제를 제기함없이, 완전히 정상적인 것으로 간주되었습니다. 사회 내부에 정의와 공정의 요구는 허용된 이 행동이 곧 받아들일 수 없는 것으로 간주되도록 하였습니다.

가난하거나 힘이 있는 것에 따른 차별이 아니라 규칙에 더 많은 명확성을 요구해야 합니다!

이것은 용어를 잘 고른 표현인 제물의 문제를 가리킵니다. 어떤 규칙이 바뀌는 순간에, 사회는 실제로 규칙이 바뀌는 것을 나타내기 위하여 상징을 내세우는 것이 필요합니다. 그런데 알고 보니 가장 알맞은 상징은 대략 어떤 특별한 경우들, 기업의 중요한 책임자와 정치인의 합병이었습니다.

FORESEEN : 사회학적으로 이것은 당연합니까?

장 폴 바이이 : 개인적인 차원에서 이것은 자주 받아들일 수 없고 완전히 부당합니다. 그러나 사회학적으로 이것은 아마도 가치관이 바뀔 때 고려하지 않을 수 없는 단계입니다.

FORESEEN : R.A.T.P. 같은 기업의 경영 관리 차원에서, 귀하는 이 새로운 관례의 변화에 경영 관리를 맞추는 것을 어떻게 보십니까?

장 폴 바이이 : 저는 다른 곳에서 뿐만 아니라 R.A.T.P.에서 우선 경영 관리의 철학을 가져야 한다고 생각합니다.
기업에서의 책임의 모든 차원에서, 우선 경영자의 역할이어야 하는 것을 정의해야 합니다. 이것은 우선 기업에 전망을 주는 것이고, 그 협력자의 행동에 방향을 주는 것입니다. 이것은 차지하는 계급 수준에 따라 매우 잘 구별될 수 있습니다. 책임의 어떤 차원에서는 중요한 전략 목표나 여러 해에 걸친 전략 계획을 정의하는 것이 중요합니다. 중간 차원에서는 더 분명한 목표를 정의하는 것이 오히려 중요합니다. 현장에서 이것은 일반 대중에 대한 행동 규칙을 정리하는 데 존재합니다.
그러나 중요한 공통점은 무엇보다도 각자가 기업 안에서 자기 자신에 대하여 기대하는 바를 안다는 것이고, 이것은 각자 모두의 행동에 방향을 주는 것입니다.

두번째 국면은 이 행동을 이끌기 위하여 법령으로 원칙을 정해야 한다는 것입니다. 결과의 의무 그 자체가 목적이 아니라 결과에 도달하는 방법도 그만큼 중요합니다. 만일 결과만 중시한다면, 비용과 직접적인 효과의 논리를 따르는 것입니다. 이따금 매우 놀라운 방법으로, 즉 배수진을 치면서 다른 기업에 어려운 상황을 만들면서, 방법과 장기간에 비하여 단기간에 특전을 부여하면서, 기업의 여러 연대성을 존중하지 않으면서, 공동 작업을 희생하면서, 또는 참된 추진력을 구성하지 않으면서 목표에 도달할 수 있습니다.

그러므로 두번째 국면은 기본 규칙이 있다는 것을 알리는 데 있습니다. R.A.T.P.의 경우에 저는 봉급생활자들에게 기본적인 두 가치관인, 한편으로는 여행자의 존중, 다른 한편으로는 사람과 공공 재산의 고려와 함께 투명하게 공동으로 일할 것을 요구합니다.

봉급생활자들에게 "당신의 목표에 도달해야 하나 사람과 공공 재산의 존중, 여행자에 대한 배려인 기본 규칙이 있다"라고 말할 때, 제 의견으로는 효과적인 경영 관리에 더 알맞은 조건들을 새로이 만든 것 같습니다.

세번째 국면은 봉급생활자들에게 자신들의 행동이 가져야 하는 의미가 무엇인지, 존중해야 할 큰 원칙과 규칙이 무엇이어야 하는지 말하는 것으로 충분치 않다는 것입니다. 그들이 해야 할 중요한 두 가지 일들이 남아 있습니다. 첫번째로 협력자들을 돕고, 그들이 효과적이고 정당한 방법으로 자신들의 목표에 도달할 수 있도록 돕는 것입니다. 이것은 조직·구성과 능력 등의 논리적인 문제와 관계되는 것입니다. 봉급생활자들이 정해진 목표에 정확히 도달할 수 있게 하는 조건들을 만들어야 합니다. 두번째로 모든 것이 정상적으로 이루어지는지 **나중에** 확인하는 일이 필요합니다. 이것이 확인과 투명성의 요구가 기본적인 이유입니다.

요약하자면 의미를 부여하고 여러 원칙을 공고하며, 사람들의 행동을 지탱해 주고, 마지막으로 투명한 체제하에서 확인하는 것입니다.

FORESEEN : 귀하는 이 확인을 어떻게 보십니까? 자기 감시입니까? 자기 검열입니까? 항상 논쟁과 대립이 명확해지는 것은 이 점에 관해서입니다. '확인'이라는 말을 하는 이상 거부 반응에 있습니다.

장 폴 바이이 : 만일 경영이 확인과 전술한 것들을 부당한 것으로 알고 자율의 범위와 책임을 문제삼는다면, 이것은 경영자에게는 정상적인 방식이기 때문에 심각하고 염려스러운 일입니다. 전술한 것들을 취하고 그것들을 행하며, 그것들을 일을 개선하고 발전하게 만들기 위한 도구나 수단으로 간주하기 바라는 것은, 경영자의 책임에 속하는 것입니다.

만일 매확인 앞에서 부들부들 떨거나 두려워한다면, 이것은 문제가 있다는 것입니다. 만일 "전술한 것을 매우 잘하세요. 저는 잘 되는 것과 잘 되지 않는 것을 알게 되어 기쁠 것입니다. 제 생각으로 이것은 발전하기 위한 도구입니다"라고 말한다면, 경영 과정의 전체가 성공했음을 증명하는 상황에 있습니다.

사실 확인은 전체 장치가 움직이지 않는다면 매우 부정적인 방법으로 지각됩니다. 반대의 가정으로 확인은 발전을 가능케 하는 봉쇄로 간주됩니다. 게다가 이것은 프랑스식 접근과 앵글로 색슨식 접근 사이의 큰 차이들 가운데 하나입니다. 프랑스식 접근에서 확인은 자주 검사와 의혹의 요소로 지각되는 반면에, 앵글로 색슨식 문제에서 이것은 오히려 피드백과 진보의 자연스러운 요소로 지각됩니다.

FORESEEN : 그러므로 귀하의 견해로 확인은 필요합니까?

장 폴 바이이 : 그렇습니다. 나중에 이것이 결과와 그 결과에 도달한 방법, 그리고 과실의 이해에 기초를 둔다는 조건으로 그렇습니다.

만일 잘못이 있어 처벌이 뒤따라야 한다면, 이 모든 것은 정상적입니다. 그러나 기본적으로 이것의 목적은 발전을 위한 충고에 있어야 합니다.

FORESEEN : 이 애매한 도덕으로 이득을 볼까요? 아니면 오히려 손해를 볼까요? 귀하는 무엇으로 사회·정치·제도와 기업이 이득을 볼 수 있다고 생각하십니까?

장 폴 바이이 : 저는 가치관의 변화가 현사회 위기의 중심에 있기 때문에 모든 사람들이 이득을 볼 거라고 믿습니다. 가치관의 변화는 정치와 엘리트에 대한 신뢰의 위기 중심에 있으며, 존재를 느끼는 반항과 부정의 감정 중심에 있습니다. 이 변화는 특히 전혀 획일화를 의미하지 않는 정의

와 공정의 감정이 지배하는, 더 평화로운 사회를 빨리 재발견하는 데 가져다 줄 수 있는 최상의 대답입니다.

만일 우리가 현재의 현상에 머물러 있다면, 전체적으로 더 많은 역동적이고 효과적인 요소들이 있을 것입니다. 이것은 우리 사회가 그 효과를 만족할 만한 기능을 재발견하는데, 거의 필요한 조건입니다.

FORESEEN : 어떤 요인들이 이 추세를 가속하고 장려할 수 있습니까? 또는 반대로 이 추세에 제동을 걸 수 있습니까?

장 폴 바이이 : 참된 문제는 자주 지나친 것으로 지각되는 합병의 문제입니다. 이것은 제동입니까? 아니면 가속의 요인입니까? 비록 중장기적인 효과들이 충분히 유익하다고 생각될 수 있다 해도, 그래도 역시 즉각적인 효과들은 비극적이고 부당하고 자주 지나치며 불공평하고, 이따금 더 직접적인 이해 관계에 사용됩니다.

저는 이 합병에 있어서 조금 의견이 일치하지 않습니다. 이것은 확실히 바람직한 변화로의 가속의 요인이며, 동시에 이따금 불균형·부정 또는 매우 위험한 단기적인 지나침을 초래합니다.

또한 중요한 제동들 가운데 하나는 동업조합주의의 보수주의라고 말할 수 있습니다. 저는 이 도덕적 요구와 동업조합주의의 증대, 다른 압력 단체의 점점 더 중대한 무게가 동시에 발전하는 것을 보고 놀랍니다.

FORESEEN : 아마도 이것은 단순히 반항적인 역행입니까?

장 폴 바이이 : 아마도 그렇습니다! 한편으로 공정과 연대성으로 더 향한 가치관에 의해서이고, 다른 한편으로 자기 성찰과 특권을 옹호하는 가치관에 의하여 초래된 동업조합주의에 의해서입니다.

저는 앞서 언급한 이유들로 강하며 동시에 피할 수 없는 도덕적 추세를 믿습니다. 그러나 결국 변화하는 시기인 극도로 어려운 시기에 살고 있습니다.

FORESEEN : 그런데 귀하의 의견으로는 이 추세의 파급 효과가 어떤 분야의 사회 생활에서 가장 강하며, 가장 신속할까요?

장 폴 바이이 : 중요한 것은 정치와 엘리트에 대한 신뢰의 회복을 위한 조건을 만드는 것입니다. 이것은 사회가 움직일 수 있기 위해서나 공적이거나 사적인 분야가 관련되는 데 절대로 필요합니다.

3

프랜시스 샤롱
Fondation de France 부사장

FORESEEN : 귀하의 의견으로는 도덕의 절대적 필요성이 기초가 견고한 추세인가요? 아니면 부대 현상인가요? 아니면 사회 내부의 문화 혁명인가요?

프랜시스 샤롱 : 저는 도덕의 절대적 필요성이라는 말이 좋은 것인지는 모르지만, 제 생각에는 도덕적 행동이 필요한 것 같습니다. 우리 사회처럼 민주주의 사회는 위임에 의한 사회입니다. 이것은 위임을 주는 분야에서 도덕이 절실히 요구됨을 의미합니다. 사람들은 자신들의 수임자가 그렇게 행동하면 공화국의 감옥에 들어갈 그러한 방법으로 행동하는 것을 보기를 원치 않습니다. 저는 이 추세가 사회 변화와 완전히 일치한다고 믿습니다.

오늘날 시민의 행동이라 부르는 것은, 일상적인 환경에 프랑스인들의 더 중대한 참여 의지에서 지각할 수 있습니다. 그들은 최대한의 성실과, 특히 어려움과 함께 자신들이 대다수 해결하려고 애쓰는 여러 문제들에 직면합니다. 그들은 이 개인적인 행동 규칙이 힘과 이익을 가지는 만큼 더 모든 사람들에게 절실히 요구되어져야 한다고 생각합니다.

사회의 균열은 그 자체로는 도덕적이지 않는 차이들을 야기합니다.

FORESEEN : 이 도덕의 절대적 필요성은 민주주의의 결과인가요? 민주주의의 진보인가요? 아니면 사회의 단순한 변화인가요?

프랜시스 샤롱 : 도덕은 민주주의의 기초들 가운데 하나입니다. 인권선언서를 다시 예로 든다면, 각자는 자유가 타인의 영토 위에 오지 않는 순간부터 그것을 즐깁니다. 만일 민주주의에서 다른 이들보다 더 평등한 이들이 있다면, 그것은 성공할 수 없습니다. 만일 어떤 이가 다른 사람들보다 더 많은 권리를 가진다면, 카스트 제도나 노예 제도에 있는 것입니다. 이것은 민주주의에 대한 위험을 나타냅니다. 대중 매체 또한 정보 소재를 방송하는 방법에서만큼 일상 생활에서 신뢰성이 있게 하기 위하여 여러 규칙을 존중해야 함을 잊지 맙시다.

FORESEEN : 어째서 이것이 더 일찍 일어나지 않았습니까?

프랜시스 샤롱 : 우리의 역사 속에서 표류가 있을 때 규칙적으로 수정하는 행위가 있었습니다. 지난 30년 동안 사회는 성장의 목표를 향하여 나아갔고, 대다수 사람들은 특히 자신들의 생활 조건을 개선하는 데 몰두하였습니다. 돈이 있었고, 이익이 주인으로 군림하였습니다. 세계(정치·사업·행정·대중 매체)의 혼란에 더 이상 주의를 하지 않

았습니다. 이상하게도 모든 것이 허락되고, 모든 지표들이 산산조각나는 것처럼 보였습니다. 바로 이렇게 해서 반격이 있습니다.

FORESEEN : 귀하의 의견으로는 이 도덕적 요구가 일시적인 현상인가요, 아니면 장기적인 추세인가요?

프랜시스 샤롱 : 저는 이것이 장기적 추세인지, 아니면 일시적 현상인지는 말할 수 없습니다. 저는 이것이 장기적 추세이기를 바랍니다. 왜냐하면 행동 속에 도덕의 부재는 민주주의에 대한 위험이기 때문입니다. 책임의 결여는 도덕의 거대한 결함입니다. 누구도 책임자일 수 없으며, 죄인일 수 없습니다.

예를 들면 리옹 은행 같은 공기업이 약 1백억 프랑의 손해를 본다면, 납세자들은 매일 자신들의 수지 균형을 어렵게 맞추려고 애쓰는 한편, 이 손해에 대해 지불하여야 합니다. 모든 책임을 밝히는 것은 어려운 듯 보이지만, 그래도 이것은 중요합니다. 왜냐하면 프랑스인들에게 처벌하지 않는 것은 정상적일 수 없으며, 특히 참을 수 없는 것이기 때문입니다. 만일 사기업에서 봉급생활자나 경영자가 잘못을 한다면 그는 해고됩니다. 이 처벌은 자신의 책임 요소들 가운데 하나를 구성합니다. 그는 완전한 책임이 결정과 위험의 환경을 관리하게 만들기 때문에 이 벌을 받아들입니다. 사기업에서 책임을 질 때, 아마 경영을 떠나지 않을 수 없을 것입니다. 출신 집단으로 복귀를 보장하지 않는 것은, 책임을 지는 데 따른 위험의 더 강한 개념을 도입합니다. 이

중적인 제도는 사회의 올바른 진행에 해를 끼칩니다.

FORESEEN : 기업의 사장에게는 다음과 같은 질문을 제기케 하는 상황이 있을 수 있습니다. "효과적이고 도덕적일 수 있는가?" 엄격하고 형식적인 도덕 관례가 개혁, 신속한 결정, 경제 경쟁, 국제 무역, 수출 시장의 조건과 양립될 수 있습니까?

프랜시스 샤롱 : 저는 기업에서 일을 하지 않으므로, 정말로 이 질문에 대답할 수가 없습니다. 그러나 협상하는 자들에게 경계선을 정하기 위하여 합의 수준에 전념해야 하는 결정들이 확실히 있습니다. 제 입장에서 부패는 그 방식이 어떠하든간에 저에게는 전적으로 받아들여질 수 없는 것입니다.

FORESEEN : Fondation de France 부사장으로서 귀하가 대표하는 것을 고려하여 더 큰 도덕적 요구를 가지고 있습니까?

프랜시스 샤롱 : 더 큰 요구는 없지만, 정상적인 요구는 있습니다. 저희들은 저희들이 담당하는 범위의 큼에 의하여 특별한 상황에 있기 때문에 자주 참고 기준으로 간주되었습니다. Fondation de France는 4백 명 설립자의 의지와 기억을 보관하고 있으며, 수십만 기부자의 소망을 보관하고 있습니다. 1백 프랑, 2백 프랑, 1천 프랑 또는 그 이상을 기부할 때, 사람들은 여러분들에게 화폐의 선행과 함께 특히

내적인 동기를 지닌 적선 행위인 얼마간의 비물질적인 선행을 전달하는 것입니다. 그들 가운데 대다수는 세상을 떠났지만, 이 4백 명의 설립자는 자신들의 신뢰가 저버림을 당할 수 없음을 알아야 합니다. 이것은 검소한 기부자들에 대해서도 마찬가지입니다. Fondation de France에서의 일이, 게다가 대중의 너그러움에 호소하는 모든 기구들에서처럼 내포하는 것은 이 존중입니다.

FORESEEN : 귀하는 저희들에게 몇 마디로 Fondation de France의 기원을 환기시킬 수 있습니까?

프랜시스 샤롱 : Fondation de France는 프랑스에 박애주의를 발전시키고, 적선 행위하기를 원하는 자들에게 다양한 행동 수단을 맡기기 위하여 1969년에 설립되었습니다. Fondation de France는 두 가지 기능, 즉 공동 이익을 주는 모든 영역(문화·환경·건강·연대성)에 개입하는 자기 자신의 프로그램을 이끄는 것과, 길고 복잡하며 항상 가장 적합하지 않는 과정의 인정을 원치 않는 재단들을 보호할 능력을 가지는 것에 따라 움직입니다. 체계는 엄격하지만 승인 절차는 유연하고 신속합니다. 해마다 네 번씩 모이는 이사회는 재단의 신설을 결정합니다. 따라서 저희 기구는 프랑스에 여러 재단을 널리 확장하는 데 기여했습니다. 오늘날 프랑스에는 일개인이나 기업에 의하여 세워져 Fondation de France의 보호를 받는 4백 개의 재단들 외에 공익으로 인정을 받은 거의 4백 개의 재단들이 있습니다.

FORESEEN : 귀하는 매우 정확한 관례를 가지고 있습니까?

프랜시스 샤롱 : 그렇습니다. 재단 신설과 저희가 보호하는 기구의 감독에 대한 매우 정확한 틀이 있습니다. Fondation de France 사장은 보호받는 재단들의 모든 이사회에서 거부권을 가집니다. 이 거부권은 재단들 가운데 어떤 재단의 이사가 기부자나 죽어서 유증한 자들의 소망을 해석하기를 원하는 경우에 주로 사용됩니다. 예를 들면 만일 어떤 기부자가 음악상에 출자하기로 결정하거나, 그 재단의 이사회가 조각상에 출자하고 싶어하는 경우에 그들에게 거부 의사를 전달하며, 돈이 처음에 예정된 틀 안에서 지출되는 것을 확신할 것입니다.

FORESEEN : 귀하는 프랑스에서 중요한 역할을 맡고 있습니까?

프랜시스 샤롱 : 저희는 활동 속에서 저희가 차지하는 본래의 자리에 의해서 뿐만 아니라 박애주의의 세계를 더 잘 알게 하고, 그 세계의 발전을 도우려는 의지에 의하여 중요한 역할을 맡고 있습니다. 예를 들면 저희는 협력계의 투명한 절차 개선에 참여합니다. 저희는 특히 경영을 발견하는 작은 협회들이 회계 보고하는 것을 도울 사람들을 프랑스 도처에서 구할 수 있도록 하기 위하여 경영 점포 만드는 것을 도왔습니다. 1989년부터 저희는 다른 협회와 함께 '헌장위원회'라고 불리는 의무위원회의 설치를 위하여 일을 하였습니다. 이 시기에는 아직 사업에 대해 말하지는

않았지만 저희 가운데는 수십억 프랑의 기부금을 일괄하여 전달받을 때, 매우 조직화된 의무 단체부터 행동하는 것이 꼭 필요하다고 생각하는 사람이 여럿 있었습니다.

FORESEEN : 헌장위원회는 누구에 의해 만들어졌습니까?

프랜시스 샤롱 : 처음에는 이것이 우리 나라에서 기부금 모집의 중요한 몫을 맡은, 민간구제회·가톨릭구제회·암퇴치동맹·저희들·파스퇴르연구소 같은 약 15개의 협회나 재단에 의하여 1989년에 구성되었습니다.

저희는 투명한 경영 절차, 모금의 백분율에 따른 수당받는 자의 수당보다는, 메시지의 품질에 관한 의무·회계를 보고하는 일관성 있는 방법 같은 여러 원칙에 따라 일하기 시작하였습니다. 저희는 기부금을 모으는 단체와 기부자 사이에 신뢰 관계를 구축하는 것이 중요하다고 여겨졌기 때문에 과감히 공동의 길을 만들었습니다. 기부자들이 저희가 가지는 기능과 구속을 알도록, 예를 들면 모금 운동이 돈이 들며 경영비가 있다는 것을 알고서 놀라지 않도록 하기 위하여 실행한 활동에 대하여 정확히 그들에게 알려야 합니다. 오늘날 헌장위원회에 가입한 단체가 약 50개는 됩니다. 또한 의무 헌장을 만들거나 여러 직업에 공통되는 차원에서 설립되는 여러 사기업이 있습니다.

FORESEEN : 그러므로 귀하의 의견으로는 활동 분야에 따라 정해질 수 있는 것은 당연히 법이 아니라 관례입니까?

프랜시스 샤롱 : 아마 그렇습니다. 왜냐하면 법은 모든 것을 전혀 통제할 수 없기 때문입니다. 그래서 이 규범이 필요합니다. 봉급생활자와 그 측근들, 그리고 환경에 대한 여러 규칙과 행동을 정한 기업들이 있습니다.

FORESEEN : 귀하께서는 이러한 실행이 발전되리라고 생각하십니까? 이것이 필요하다고 생각하십니까?

프랜시스 샤롱 : 저는 이 질문에 답할 때 매우 신중합니다. 왜냐하면 저는 모든 것을 통제하기 위한 엄청난 동맹들과 함께 모호한 도덕을 볼까 매우 두려워하기 때문입니다. 그러나 전체주의의 위험과 함께 도를 넘지 않기 위하여, 현재 있는 규칙을 적용할 줄 알아야 하는 순간이 있습니다. 자신들의 영역에서 자유로이 쓸 수 있는 수단과 함께 지나침을 종결짓기 위하여 조직되어야 할 자들은 전문가들과 정치인들입니다.

만일 사람들이 법을 어긴다면, 법이 적용되는 법들이 있습니다.

FORESEEN : 귀하의 의견으로는 기원·사명·임무에 따라 Fondation de France에 세워진 것이, 제도·기업·무역의 경영 차원에서 채택해야 할 어떤 것인가요? 의무나 품행 방정의 규범이 필요한가요? 감시감독위원회나 율법의 판이 필요한가요? 사회가 활동 특수성의 이유로 Fondation de France에 존재하는 그러한 윤리 규칙으로 강화되어져야 합니까?

프랜시스 샤롱 : 저는 신뢰를 존중하는 관례를 지닌 여러 자선 기구에서 일하였습니다. 이것은 암시하기를 바라는 것보다 더 널리 퍼져 있는 상황입니다. ARC의 사건 같은 부정 사건이 일어날 때, 그 사건은 모든 사람들에게 피해를 줍니다. 사람들은 이중으로 침해를 당합니다. 그들은 자신들 기부 행위의 마음속 깊이에서 배신을 당하며, 자신들 돈의 도난으로 배신을 당합니다.

Fondation de France에서 관례는 저희들에게 돈을 기부하는 자들의 의지를 보호하기 위하여 제정되었습니다. 이것은 기본적입니다. 저희들은 자격을 갖춘 명사들이 자신들의 지위로 득을 봄 없이 기부금 배정을 결정하는 위원회를 가지고 있습니다.

제 생각으로는 두 가지 사실이 저희 기관의 올바른 운행의 골격을 이루고 있는 것 같습니다. 의무 규범에의 가입 같은 품행방정의 관례를 표현하도록 조직화되기 위하여 공언(公言)이 할 수 있는 것이 있습니다. 그리고 법이 있습니다. 오늘날 법은 아주 충분한 방식으로 존재합니다. 문제는 보충법을 가지는 것이 아니라 그 법이 적용되는 것입니다.

FORESEEN : 귀하는 분명히 법이 존재하며, 그 법을 보강할 필요가 없고 중요한 것은 뒤에 정치적인 의도가 있는 것이라고 말합니다. 정치인들은 도덕의 측면에서 점점 더 요구적인 사회에 직면하여 정치적인 의도를 가지지 않기를 계속할 수 있을까요?

프랜시스 샤롱 : 정치인들이 이 문제에 무관심하다고 말

할 수는 없습니다. 그들의 세계는 통일된 세계가 아닙니다. 그들에게 제기되는 문제들 가운데 하나는 필요한 결정을 가져야 하는 순간을 뒤로 미루는 것입니다.

오늘날에는 비교적 틀에 박힌 이야기의 세계에 살고 있습니다. 만일 당신이 문제들을 말하지 않는다면, 당신은 올바른 진단을 하지 못하며, 꼭 필요한 결정을 내리지도 못합니다.

이것은 냉정하게 일하기보다는 오히려 항상 위기 상황에서 일하게 합니다. 동시에 압력 · 출판물, 정치적인 속박과 사회적인 속박을 감당해야 하며, 그때 문제들은 더 복잡해집니다. 사회를 딱딱하게 만드는 것을 법적인 차원에서 보완하는 것입니다.

FORESEEN : 그래도 오늘날 사회에는 도덕의 절대적 필요성의 참된 추세가 있습니다. 귀하는 그렇게 하는 것이 프랑스 사회가 득을 볼 거라고 믿습니까? 아니면 손해를 볼 거라고 믿습니까? 이것은 초도덕주의인가요?

프랜시스 샤롱 : 이것은 초도덕주의를 정의하지 않고는 복잡한 문제입니다.

기본적인 문제들에 기초를 둔 최소한의 합의(자신의 이웃을 약탈하지 말 것, 금고 안에서 돈을 훔치지 말 것, 개인적인 이익을 얻기 위해 자신의 지위를 이용하지 말 것)로 사회 안에서 살 수 있어야 합니다. 이것은 단순한 도덕 원칙입니다. 그러나 도덕주의는 문제를 조롱하기 원할 때 사용하는 나쁜 암시적 의미를 가지고 있기 때문에, 이것은 정확히 도덕주의는 아닙니다. 거스르는 것은 법이 다른 방법으로 적용된다는 느낌입니다. 그러나 이것은 새롭지가 않습니다. 상기하세요. '당신이 유력하거나 그렇지 않으면 비참한가에 따라' 대중 매체에 모범으로 소개되며, 유죄를 선고받고 영화에 출연하는 정치인을 예로 들 때 당신은 우리 아이들에게 무엇을 말하기 원하며, 그가 호감이 가고 좋은 배우라고 말하기를 원합니까? 이것은 선출된 사람이 민주 정치에 꼭 필요할 때 정치계 전체의 신용을 떨어뜨리는 일입니다.

저는 전적으로 순진하지는 않습니다. 저는 돈이 있고, 이익이 있는 한 항상 사업이 존재하리라는 것을 잘 알고 있습니다. 그러나 누군가가 돈을 횡령한다면, 그에 대한 위험이 있어야 한다고 생각합니다. 누군가가 진열대에서 물건을 훔칠 때, 그는 무겁고 신속하게 유죄를 선고받습니다. 사무원의 범죄는 더 보호를 받으며, 변호사나 수단이 있기 때문에 궁지에서 헤어납니다. 이것은 이중의 속도를 지닌 정의의 인상을 줍니다. 개인적으로 이것은 항상 저의 마음을 거스르게 했습니다. 이것은 제가 이상적인 인도주의자이거나 충고하기 좋아하는 사람이기 때문이라고 말할 것입니다. 그러나 저는 그렇게 생각지 않습니다.

FORESEEN : 귀하의 의견에 따르면, 이것은 초도덕주의의 추세가 아니라 단순히 오늘날 도덕의 기다림을 표현하는 사회라고 볼 수 있습니다.

프랜시스 샤롱 : 도덕의 기다림이 있습니다. 벨기에에서 일어난 큰 데모는 그것의 좋은 본보기입니다. 그리고 정의

의 기다림이 있습니다. 이 두 가지 사실은 서로 관련되어 있습니다.

자신의 행동에 책임을 져야 하며, 필요하다면 법에 의해 정해진 대가를 지불합니다. 보통법 분야에서 국회의원의 법적인 보호는 그들이 완전한 권리를 지닌 시민들이기 때문에 문제를 제기합니다. 이 자들은 평범한 사람들이 아니며, 우리의 대표로 거기에 있습니다. 그들의 권리는 의무를 의미합니다. 오늘날 법을 만드는 누군가가 유죄를 선고받는 일을 보는 것은 형언할 수 없으며, 자동적으로 자신의 국회의원직을 사임할 의무가 없다는 것은 언어 도단입니다.

다르게 행하기는 제도에 신뢰의 상실을 가져오며, 대중은 '부패한 모든 자'의 생각을 인정합니다. 이것은 오늘날 저에게는 매우 심각한 것처럼 보입니다. 왜냐하면 이미 말씀드렸지만, 민주주의의 올바른 진행을 위하여 정치인의 역할에 더 높은 가치를 부여해야 하기 때문입니다.

FORESEEN : 그렇게 하는 것이 사회에 득이 될까요?

프랜시스 샤롱 : 문제들이 개선되지 않는다면 사회는 그렇게 하는 데서 득을 보지는 못할 것입니다. 만일 정의가 정상적으로 제 일을 다할 수 있다면, 아마 사회는 그렇게 하는 데서 득을 볼 것입니다. 제가 '제 일을 다한다'라고 말할 때, 이것은 재판관을 문제삼는 것이 아니라 정의가 일하기 위한 수단을 더 많이 가지기 바라는 것입니다. 오늘날 정의의 실행을 위한 돈이 충분치 않으며, 절차가 너무 길고 오랫동안 지속됩니다. 가장 자주 벌받는 자는 기다리는 것

때문에 형을 집행해야 할 자입니다.

FORESEEN : 귀하는 도덕의 요구가 이 점에 대하여 정치인과 제도를 더 참여토록 할 거라고 생각하십니까?

프랜시스 샤롱 : 그러리라 생각합니다. 문제는 극단적인 수단을 낳습니다. 국민전선의 활동 장소에서 싸울 수 있기 위해서는 의지와 정치적인 용기를 가져야 하며, 또한 비난 받을 여지가 없어야 합니다.

FORESEEN : 제도·행정·협회가 그렇게 하는 것이 득이 될까요?

프랜시스 샤롱 : 실제 부서가 움직이고, 문제가 정상적으로 처리되도록 하기 위한 정치 의지가 나타나는 것을 본다면 그렇습니다. 저는 이 분야에서 우익과 좌익의 정치 싸움은 예나 지금이나 마찬가지라고 생각합니다. 반대의 경우에는 점점 더 많은 통제와 구속을 받아들일 것이며, 그렇다고 해서 결과를 확신할 수도 없을 것입니다. 각자 뒤에 경찰을 둘 수는 없습니다. 모든 것이 통제되는 사회에 살 수는 없는 것입니다.

4

알랭 에취고엔
철학자

FORESEEN : 귀하는 이 추세가 부대 현상이라고 생각하십니까? 아니면 우리 사회 내부의 깊은 격변이라고 생각하십니까?

알랭 에취고엔 : 도덕의 절대적 필요성은 표면적인 사건이 아닙니다. 도덕 강연은 극우 가운데 극우로 간주되는 형벌을 받는다는 조건으로, 20년 동안 공공 장소에서 거의 금지되었습니다. 이것은 도덕이 성으로 너무 흐려진 사실과 관련이 있습니다. 60년대에는 노출된 넓적다리가 텔레비전에서 약 10번의 살인보다 더 미성년자 관람불가 표시인 '흰색 정사각형'을 받을 만합니다. 이것은 또한 19세기말에 니체가 이미 강조한 것처럼 도덕이 보수적인 도덕 질서와 너무 관련되고, 너무 증오에 차거나 고발적인 사실과도 관련이 있습니다. 이 강연 부재에 직면하여, 저희들은 우리 정치경제 엘리트들을 위태롭게 한 사건을 통하여 침묵에 의한 큰 피해를 확인하였습니다. '타인들이 똑같이 했다' 라는 점에 관해서 공공 도덕은 몹시 부족했습니다. 이 나라의 남자와 여자들은 몇몇 원칙을 재확인해야 한다는 느낌을 가

지고 있습니다.

FORESEEN : 어째서 새로운 관례를 세우는 것이 필요한가요?

알랭 에취고엔 : 저는 다만 관례가 문제된다고 생각지는 않습니다. 이 표현은 단순히 정당한 경쟁의 개념을 떠올립니다. 제 생각으로 미래의 도덕 강연을 차지하게 될 개념은 책임의 개념입니다.

FORESEEN : 귀하는 새로운 가치관의 필요성이 있으며, 이 가치관이 기업과 공적 생활에서도 동일하다고 생각하십니까?

알랭 에취고엔 : 제가 지금 말한 것처럼, 저는 새로운 가치관은 책임의 가치관이라 믿고 있습니다. 이제부터 잘 행동하는 것은 타인에 대한 자신의 행동과 그 결과에 대해 책임지기를 바라는 것일 겁니다. 타인은 항상 장소와 시간에 따라 정의하지 않으면 안 됩니다. 그러나 책임은 그것이 기성의 해결책을 제공하지 않으며, 개인적이든 집단적이든 자신의 행동에 대한 각자의 의문을 조직화한다는 점에서 저희 시대의 가치관입니다.

FORESEEN : 오늘날 기업 내부에는 더 많은 도덕의 요구가 있습니다. 기업주는 이 요구에 어떻게 어떤 수단으로 응해야 합니까?

알랭 에취고엔 : 기업 내부에 있는 도덕의 요구는 기업 주체가 자신이 집단으로 해결할 수 있기를 바라는 도덕 문제(사회 정책에서부터 부패에 이르기까지 의문은 없지 않다)에 점점 더 직면하기 때문에 정당화됩니다. 불행히도 대다수의 기업은 이 문제를 커뮤니케이션과 이미지의 말로만 다룹니다. 그런데 도덕은 외관에 대한 문제가 아닙니다. 윤리 헌장이나 규범은 거의 언제나 부적당하고 하찮습니다. 만일 기업 내부의 도덕 문제를 실제로 다루기 원한다면, 그 것에 관한 외적인 커뮤니케이션은 금해야 합니다. 이것은 기업의 신분과 일의 특이성과의 관련하에, 특히 기업 내부에서 행해져야 합니다. 지지의 말보다는 절차의 말(말을 드러내고 의식을 자극하는)로 논하는 것이 더 적당합니다. 그리고 누가 뭐라 해도 접대나 교육을 위한 어떤 문장이나 선언서를 작성하고 싶다면, 과장되고 헛된 말(윤리 헌장, 윤리 규범 등)보다는 오히려 '행동 원칙'의 말로 그것에 대해서 말합시다.

FORESEEN : 위기·재편성·세계화와 더불어 실제로 기업 내부에서 공유되고, 투명한 공동 목표 곁에 봉급생활자를 동원할 수 있습니까?

알랭 에취고엔 : 이것은 기업·경제 분야에 따라 매우 다르며, 다른 산업화된 나라에서는 더 그렇습니다. 어려운 시기에 경영자들은 자주 책임 감각을 잃었습니다. 그들이 목표를 현실적인 목표라는 말로 보증하는 한, 자신들의 결정으로 관련된 자들에 대하여 그 결정을 책임지는 것은 자주

불가능했습니다. 그렇지만 이것은 책임의 첫번째 기준입니다. 우리의 위대한 경영자들이 소위 '하급 직원들'인 남자와 여자를 괴롭히고 감금하고 유죄를 선고하게 만드는 것을 택하면서, 이상하게 말이 없었던 사업에 대해서 같은 것을 말할 수 있을 것입니다. 이것은 기업의 모든 경영자들의 경우는 아니지만, 그래도 그들은 전체적으로 이러한 상황에서 실망적이었습니다.

기업이 영혼을 가진다면 봉급생활자를 동원하는 것은 가능합니다. 기업은 자신의 특이성을 주장해야 하고, 자신의 이야기와 행동 사이에 일관성이 있어야 하며, 회원 모집, 내부 유동성, 교육과 경력 관리를 실천에 옮길 수 있어야 합니다. 기업은 오늘날 너무 자주 듣는 것처럼, 이제부터 봉급생활자가 자신의 삶 동안에 여러 번 직업과 기업을 바꿀 거라고는 결코 생각지 말아야 합니다. 물론 기업은 자신의 인사 관리 방법에 의하여 내부의 기능적인 유동성을 보장할 수 있지만, 만일 불안정이란 말로 논한다면 기업은 결코 공유된 공동 목표 곁에 사람들을 동원하기 위하여 그들에게 충분히 투자하지 못할 것입니다.

FORESEEN : '도덕으로의 복귀'의 이러한 요소들과 어제의 도덕 사이에는 어떤 차이점이 있습니까?

알랭 에취고엔 : 저는 '도덕으로의 복귀'에 관계된다고 생각지는 않습니다. 잡지들이 이 테마를 언급할 때, 그들은 무엇보다도 피임 기구나 성의 절제를 예로 듭니다. 그런데 이 도덕은 위에서 말한 이유들로 신용을 잃었습니다. 내일

의 도덕은 책임에, 다시 말하면 자신의 행동과 그 결과를 책임지려는 의지에 기초를 둘 것입니다. 이 도덕은 행동할 준비가 된 해결책을 제시하지는 않습니다. 반대로 이 도덕은 각자가 가지는 결정이나 기도하는 행동에 대한 각자의 의문을 조직화합니다. 물론 저는 책임으로 법적인 개념이 아니라 도덕적인 개념을 의미합니다. 철학적인 전통이 없는, 우리로 하여금 행동케 하고 우리에게 의무를 암시하는 이 책임의 개념에 관계됩니다.

어제의 도덕과 오늘의 도덕 사이의 기본적인 차이는 우선 책임의 개념에 있습니다. 이 개념은 명료하고 보편적이기 때문에 모든 상황에 적용될 수 있습니다. 게다가 자신의 행동과 그 결과를 '책임진다'는 생각은 직접적으로 질문하거나 질문하는 것으로 간주되는 타인의 존재를 흐리게 합니다. 저희들의 임무는 항상 특수한 결정에 관해서 타인이 누구인지 찾는 것입니다. 예를 들면 기업에서 타인이 시민(참조: C.J.D.에 의하여 전개된 시민 기업의 테마)일 수 있는 것처럼 봉급생활자나 고객일 수 있습니다.

FORESEEN : 귀하의 의견으로는 지배적인 개념들이 존재합니까?

알랭 에취고엔 : 되풀이될지 모르지만, 오늘날 지배적인 것은 바로 책임의 개념입니다. 발레리에 따르면, 어려운 점은 책임이 '의미보다 더 많은 가치를 가지는' 주요어가 되는 것입니다. 그러므로 매우 부정적인 책임의 법적인 의미와 도덕적인 의미를 잘 구별해야 합니다.

하나는 행동하지 못하게 합니다. 왜냐하면 책임의 근거가 더 이상 잘못에 한정되지 않고, 위험에까지 확장되었기 때문입니다. 반대로 다른 하나는 행동하게 합니다. 이 책임 개념은 적어도 직업적인 한계를 넘어선다고 덧붙여 말해야 합니다. 이 개념은, 예를 들면 팔에 안고 있는 아기와의 관계 속에서 직접적인 직관의 대상입니다. 계약에 의한 책임은 자연스러운 책임의 직관에 기초를 둡니다.

5

알랭 드 뿌질락
Havas Advertising 그룹의 회장

FORESEEN : 귀하의 의견으로는 도덕의 절대적 필요성이 토대가 견고한 추세인가요? 피상적이고 일시적인 부대 현상인가요? 아니면 초도덕주의의 현상인가요?

알랭 드 뿌질락 : 이것은 토대가 견고한 추세이자 생성의 결과입니다. 약 20년간의 표류 후에 사람들, 특히 젊은이들은 윤리·도덕·투명성의 가치관을 재발견하고 싶어합니다. 이것은 새로운 기술의 대중 전달 매체의 도래가 직접 교역을 돕고, 사실의 앎을 증가시키는 만큼 더 가속될 장기적인 현상입니다. 이것은 투명성을 한층 더 강요할 것입니다. 실제로 시간은 위조의 적입니다. 한순간에 모든 것에 대한 정보를 싱가포르나 뉴욕으로부터 받을 수 있다는 사실은 그 정보가 덜 은폐되거나 조작되도록 할 것입니다.

그러나 도덕의 절대적 필요성은 저로서는 초도덕주의의 현상이 아니며, 단순히 관례 존중으로의 복귀이고, 심지어 초도덕주의의 반대입니다. 매우 자주 관례가 있다는 것을 잊기 원했습니다. 지금 그것을 기억해야 합니다.

이 추세의 반대자들은 이 추세를 검열의 복귀로 표현합

니다. 이것은 잘못된 것입니다. 생활은 관례와 규범에 의하여 관리되고, 이 관례나 규범과 더불어 행복하고 만족스럽게 매우 잘 살 수 있다는 것을 또다시 깨달을 것입니다.

FORESEEN : 그러나 이 관례와 규범은 사회 변화에 직면하여 지나치지 않습니까? 특히 미국에서 이것은 초도덕주의의 추세가 아닙니까?

알랭 드 뿌질락 : 아마도 당신은 육해공군통합참모총장의 지위를 차지하기 위한 사전 교섭을 받았으나, CIA에 고용된 한 여자와의 오랜 관계 때문에 미군의 규율을 위반한 후 입후보를 사퇴하여야 했던 롤스톤 장군의 예에 대하여 말하려고 하는 것 같습니다.

저는 만일 당신이 이 장군의 경우처럼 지도자이기를 원한다면, 당신은 대중의 표적이 되어서 산다고 생각합니다. 이것은 통솔력의 대가입니다. 이 경우에 저는 일반적인 소홀함으로 이끌 거짓이나 위조보다는 초도덕주의처럼 보일 수 있는 것으로 이끌 지나침을 더 좋아합니다. 왜냐하면 일반적으로 지도자라는 것은 타인에게 본보기를 제공하며, 참고 기준이 되기 때문입니다. 그리고 저는 관례를 우롱하는 누군가보다는 우리 문화와 관련하여 그런 경우에는 극단적이라고 판단될 수 있을지라도 관례를 존중하는 누군가를 모델로 삼기 좋아합니다.

일반적으로 사람들이 관례나 규범을 알게 될 때, 서명을 하든 하지 않든 그들의 마음입니다. 만일 그들이 서명을 했다면 이것은 신뢰의 문제이며, 그들은 자신들의 약속을 존중해야 합니다. 그런데 만일 그들이 그것을 존중하지 않는다면, 롤스톤 장군이 했던 것처럼 처벌을 받아들여야 합니다.

FORESEEN : 귀하의 의견으로 이것은 도덕적인 준엄함으로의 복귀입니까? 아니면 민주주의의 진보입니까?

알랭 드 뿌질락 : 어느쪽도 아닙니다. 저는 집단적인 자각이 있고, 사람들이 관용적이면서 간섭하지 않으면서 속이면서 위조하면서도 더 행복하지 않으며, 자신들의 생활과 환경에도 더 만족하지 못하는 것을 깨닫는다고 생각합니다. 이것은 지난 20년간의 표류가 개인 생활에 대해서만큼 사회 환경에도 해롭다는 것에 대한 자각이며, 아주 단순히 각자가 더 조화롭고 편안히 함께 살 수 있는 모두에게 유효한 관례를 재건하고 싶어한다는 것입니다.
이 도덕의 절대적 필요성·가치관과 윤리를 속박일 현상으로 표현하지 말아야 하며, 반대로 저는 이것이 재발견된 자유라고 생각합니다.
모두의 신뢰가 회복된다는 것은 놀라운 이득이 아닌가요?

FORESEEN : 만일 도덕의 절대적 필요성이 사회 균형의 설립 요소라면, 국제 무역과 세계 경쟁력 조건의 절대적 필요성과 모순되지는 않습니까?

알랭 드 뿌질락 : 어떤 문제도 없습니다. 항상 사업은 더럽다고 말하기를 원하였으며, 이것은 잘못된 것입니다. 사업을 더럽힌 자들은 그것을 큰 소리로 말한 자들입니다.

만일 어떤 나라나 산업 분야가 도덕에 일치하지 않는 행동을 한다면, 이 행동을 바꾸는 것으로 충분합니다. 이것은 단순하며 행하기도 쉽습니다. 저로서는 윤리와 도덕이 사업의 중요한 일부를 이룬다고 생각합니다. 커뮤니케이션 분야에서 저희 사업의 국제화는 반대로 윤리와 도덕의 가치관을 강조하였습니다. 그리고 저는 이것이 저희 시장에 특수하다고 생각지 않습니다.

국제 무역·수출 시장은 도덕과 투명성으로의 복귀로 완전히 만족할 것입니다. 심지어 더 나아가 국제적으로 정복자이기를 원한다면, 이것은 필요 불가결하다고 말할 것입니다.

FORESEEN : 지도자·결정권자도 전체 국민과 같은 도덕에 굴복해야 합니까? 그들이 같은 기준에 따라 심판받을 수 있습니까?

알랭 드 뿌질락 : 다행스럽게도 지도자는 완전히 같은 관례에 굴복해야 합니다. 도덕은 보편적입니다. 지도자는 참고의 가치가 있습니다. 제가 이미 당신에게 말씀드렸던 것처럼, 지도자인 이상 대중의 표적이 되며 모범의 가치가 있기 때문에 다른 어떤 것보다 훨씬 더 도덕을 존중해야 합니다.

일반적으로 성·사회 직능별 계층이나 나이에 따라 도덕이 다르지는 않습니다. 일반적인 도덕이 있고, 이 도덕은 모든 사람들에게 유효하며, 모든 사람들은 일정한 틀을 존중하며 자신들의 인격과의 관련하에 이 도덕을 적용해야 합니다. 지도자가 다른 기준에 따라 심판받을 어떤 이유도 없습니다. 심지어 미래에 지도자의 주요한 가치 기준들 가운데 하나는 다만 재정상의 성공이나 사회적인 성공이 아니라, 자신의 사회에 세울 도덕을 존중하느냐 안하느냐일 것입니다.

FORESEEN : 이 도덕의 절대적 필요성에 부응하기 위하여, 제도와 기업의 경영 관리를 이 새로운 분위기에 어떻게 적응시켜야 합니까? 의무 규범과 감독위원회, 절차의 투명성이 필요합니까?

알랭 드 뿌질락 : 우선 관례가 모두에 의해 알려져야 하고, 각자는 관례가 있으며, 모든 사람들은 이 관례를 존중해야 함을 깨달아야 합니다. 이것은 맨 먼저 정보 전달과 커뮤니케이션의 문제입니다. 이것은 여러 단계로 행해져야 합니다. 우선 기업이 새로운 봉급생활자를 고용하고, 같은 이유로 그의 봉급과 입사 조건을 정할 때, 기업은 기업 윤리를 환기시켜야 합니다. 마찬가지로 결정을 내리는 자가 모든 순간에 작업이 아주 투명하게 실행되었다는 것을 분석하고 확인할 수 있다는 것을 알도록 투명성으로 이끄는 절차를 위치시켜야 합니다. 그리고 이 단계가 지나면 사회 윤리가 자유 의지로 수락된 공동 가치관일 것이기 때문에 절차는 그 스스로 소멸할 것입니다.

의무 규범·감독위원회 등을 위치시키기보다는 오히려 각자가 모든 결정이 아주 투명하게 내려졌다면, 그 결정이 더 공정할 것임을 깨달아야 합니다.

도덕의 절대적 필요성에 부응한다는 것은 정보 전달의 필요성과 아울러 기업 내부의 다른 주체에 의해 자유 의지로 수락된 관례의 필요성입니다.

　FORESEEN : 귀하의 의견으로는 기업과 사회간 관례, 특히 주주에 대한 관례는 무엇이어야 합니까?

　알랭 드 뿌질락 : 이사회에 관해서 이사는 자신의 개인 이익이나 자신이 이사회에서 대표하는 기업의 이익을 지키기 위해서가 아니라, 각자 올바르게 기여하면서 아주 투명하게 기업에 봉사하기 위하여, 기업을 지키기 위하여 임명되어야 합니다.
　오늘날 최근 2,3년 동안의 집단적인 자각 후에 설령 국가가 프랑스 기업에 매우 함축성이 있다 하더라도, 이사회는 더 큰 윤리적인 투명성과 더 큰 자유의 방향으로 변화하는 중입니다. 저에게 변화는 올바른 것처럼 보입니다.

　FORESEEN : 이사회가 윤리나 투명성이란 말로 주주나 봉급생활자의 이익이 잘 보호되는지, 관례가 잘 존중되며 어느 정도까지 개선해야 하는지 확인하기 위하여 회원들 가운데 서너 명을 임명할 때, '공동 관리'에 대하여 많이 말합니다. 귀하는 이것을 어떻게 생각하십니까?

　알랭 드 뿌질락 : 우선 이것은 주주와 특히 소수의 문제를 깨달았으며, 새로운 관례를 적용할 것임을 의미하는 방법입니다. 그러나 저로서는 윤리와 도덕은 자유 의지로 수락된 자유이어야 합니다.

이론적으로 감독은 없어야 합니다. 회장이나 이사를 임명할 때 그들의 능력 때문에 그들을 임명하는 것 같은 이유로, 그들의 도덕이나 윤리 때문에 그들을 임명해야 할 것입니다.

기업을 경영하는 순간부터 윤리적 가치관은 직업적 가치관과 같은 이유로 통용되게 해야 합니다.

시작으로서 공동 관리는 이것이 이사회의 자각을 보여 주기 때문에 좋지만, 그러나 냉정하게 저는 본질에 있어 이것이 조금 인위적이라고 생각합니다. 공동 관리는 필요 없어야 합니다. 주주와 봉급생활자를 지키는 것은 그래도 가장 사소한 일입니다.

FORESEEN : 사회·정치·제도나 기업이란 말로 표현된 이 도덕적 추세에서 오히려 이득을 볼까요? 아니면 손해를 볼까요?

알랭 드 뿌질락 : 각자가 투명성의 관례를 존중하는 이유로 득을 볼 뿐입니다. 상징적인 예를 들 수 있습니다. 럭비에서는 규칙을 더 존중케 하면서 경기를 변화시키거나, 어떤 선수가 찰싹 엎드리면서 공을 숨기고 경기의 진행을 방해할 때 제재를 받습니다. 심지어 최종적으로 그는 경기장에서 추방됩니다. 규칙이 적용될 때, 경기는 더 구경할 만하고 더 투명하고 더 원활하게 됨을 깨닫습니다. 따라서 럭비애호가의 흥미와 더 많은 수의 관람자를 다시 얻을 수 있습니다.

상징적인 표현으로 럭비 경기에서 일어나는 일은 또한

사업에서도 일어납니다. 모든 사람들은 도덕의 존중에서 득을 볼 것이며, 일은 더 원활하고, 더 투명하게 되고, 각자는 거기서 이득을 볼 것입니다.

FORESEEN : 귀하는 지금으로부터 5년 동안의 이 추세에서 어떤 미래를 보십니까?

알랭 드 뿌질락 : 저는 이 추세가 조금씩 자리를 잡을 거라고 생각합니다. 오늘날 많은 사람들이 이 추세에 대해 말하지만, 거의 이것을 적용하지는 않습니다. 이 추세는 두 가지 방법으로 자리를 잡을 것입니다. 첫번째로 이 추세는 '놀라운 속박,' 다시 말하면 여러 지도자의 일상적인 조사를 통하여, 모든 사람들에게 제 각기 관례를 존중해야 함을 환기시키는 재판관의 정치라 부를 수 있을 것에 자리를 잡을 것입니다. 그리고 두번째로 이 추세는 '참된 가치관의 복귀'를 요구하고, 투명성은 당연하기 때문에 더 많은 관례와 투명성을 원하는, 특히 젊은이들의 영향하에 자리를 잡을 것입니다. 당연하지 않은 것은 불투명성입니다. 심지어 이 사실을 잊었습니다.

한편으로 억압적인 현상과 다른 한편으로 긍정적인 현상, 젊음의 열광의 현상과 함께 투명성과 도덕의 관례는 점차 자리를 잡을 것입니다.

FORESEEN : 어떤 요인들이 이 추세를 가속하고 장려할 수 있을까요?

알랭 드 뿌질락 : 모든 요인들이 이에 해당됩니다. 프랑스에서는 최근의 선거를 통하여 윤리나 투명성에 대하여 가장 많이 말한 자가 선거에서 승리했음을 깨닫습니다. 전세계에서 재판관의 일상적인 일은 평범한 사람에게 관례의 존중을 환기시키고, 국제 사업의 차원에서 무절제나 거짓말을 억제하며, 이제부터 예를 들면 소비자는 자신의 제품이 세계 일부에서 착취당하는 아이에 의하여 생산되지는 않는지 알기 원한다는 것을 깨닫습니다.

이것은 이 추세가 지속적으로 자리잡게 만들 사회 전주체의 자각입니다.

FORESEEN : 대중 매체가 해야 할 역활이 있습니까?

알랭 드 뿌질락 : 대중 매체는 확성기입니다. 장기적인 추세가 자리를 잡는 순간부터 대중 매체는 이 추세를 확대할 것입니다.

어떤 단체도 특히 금기의 경우, 예를 들면 교원들의 페도필리아(어린아이를 성적 욕구의 대상으로 하는 성적 도착)의 경우에는 이 추세에서 벗어나지 못할 것입니다. 관찰하는 일이 재미있는 것은 사람들이 말하기를 점점 더 두려워하지 않는다는 것입니다. 특히 프랑스에서 염려스러웠던 것은, 대중 매체가 사생활의 보호를 미끼로 하여 지금은 '사건'이라 부르는 것을 보호했다는 것입니다. 다행히도 이런 일은 끝났습니다.

사생활의 자유는 우리의 관례인 윤리 규범을 존중하지 않는 자들을 충족시킬 그 무엇도 가지고 있지 않습니다.

그러므로 오늘날 저는 대중 매체가 이 추세를 확대하면서, 이 도덕의 절대적 필요성이 모든 사람들에게 유효하고 보호되는 분야가 없으며, 어느 순간에는 내일 되풀이되지 않도록 일어난 일을 말해야 한다는 것을 깨닫게 한다고 생각합니다.

대중 매체는 이 추세의 정착을 매우 유리하게 만들 확성기입니다. 대중 매체는 급격히 변화했습니다. 잘 된 일입니다. 우리도 모두 급격히 변화합시다.

FORESEEN : 사회의 변화가 법보다 더 빠르다는 것은 확인할 수 있습니다. 이 도덕의 절대적 필요성의 추세가 민주주의의 변화로 이끌까요?

알랭 드 뿌질락 : 민주주의는 투명성에서 득을 볼 뿐입니다.

관례와 가치관의 존중으로 복귀하는 것이 필요하다는 일반적인 자각은 민주주의가 더 깨어 있고, 더 까다로우며, 더 효과적이도록 도울 것입니다.

꿈꾸지 맙시다. 모든 것이 거짓말처럼 사라지지 않기 때문에 장차 조작에서 벗어나지 못할 것이지만, 결국 사람들은 이미지에 따라서가 아니라 자신들의 존재나 자신들이 실제로 하는 것에 따라서 판단되어질 것입니다. 이것은 굉장한 진보입니다! 그리고 어떤 단체도 이 변화에서 벗어나지 못할 것입니다.

FORESEEN : 광고에서 도덕 관념을 유지한다는 것은 무엇을 의미합니까? 귀하의 직업에서 위험 카드는 무엇이며, 경고 카드는 무엇입니까?

알랭 드 뿌질락 : 저는 위험 카드나 경고 카드란 말로 저희 직업에 미치는 이 추세의 파급 효과에 접근하지 말아야 한다고 생각합니다. 광고는 저널리즘이나 정치가 또는 실업가보다 더 도덕에서 벗어나지 못합니다. 이것은 광고업자의 더 특별한 노력을 요구하지도 않습니다. 광고는 말을 안함으로써 거짓말하고, 도덕의 절대적 필요성이 광고를 죽일거라고 말하는 자들은 오해를 하는 것입니다. 광고는 제품이나 상품의 장점들을 부각시킵니다. 이것은 거짓말하는 것이 아닙니다! 우리들은 내일 아침에 더 거창한 도덕으로 덜 상상적인 선전 활동을 하지는 않을 것입니다.

윤리·도덕과 창조와 상상력을 혼동하지 말아야 합니다. 상상력은 결코 도덕의 적이 아니었습니다.

광고가 정보 제공을 목적으로 해야 한다고 생각하는 자들은 판단의 잘못을 저지릅니다. 광고는 정보 제공을 목적으로 하지 말아야 하며, 이것은 신문기자의 일입니다. 광고는 욕망을 불러일으키고, 제품이 주관적으로든 객관적으로든 마음에 들도록 부가 가치를 부여하기 위해서 존재합니다. 그리고 이것은 아주 투명하게 행해질 수도 있습니다.

결론적으로 윤리와 도덕의 복귀는 저희들에게 굉장한 행운이라고 생각합니다. 가장 앞설 나라들은 도덕과 윤리가 가장 확고한 참고 가치일 나라들입니다.

사회의 변화를 그 사회의 경제적인 변화에 따라서 뿐만 아니라 그 사회의 도덕적이고 윤리적인 변화에 따라서도 측정할 수 있을 것입니다. 얼마나 다행스러운 일입니까!

FORESEEN : 귀하의 생각으론 도덕의 절대적 필요성은 문명의 참된 진보를 뜻합니까?

알랭 드 뿌질락 : 여하간 저는 이것이 우리 사회가 수정한 기술만큼 빠르게 진보하지 못하게 만든 지나침을 고쳐준다고 생각합니다. 윤리적인 차원과 도덕적인 차원은 장차 경제적인 차원보다도 훨씬 더 중요할 차원입니다.

우강택

건국대학교 불어불문학과 졸업

건국대학교 불문학 석사

프랑스 뚜르대학 D.E.A.

논문 제목: 〈프랑수아 모리악의 소설에 나타난 밤의 세계〉

프랑스 뚜르대학 불문학 박사

건국대학교 출강

현대신서
48

도덕적 명령

초판발행: 2001년 10월 10일

지은이: 포르셍연구소

옮긴이: 우강택

펴낸이: 辛成大

펴낸곳: 東文選

제10-64호, 78. 12. 16 등록

110-300 서울 종로구 관훈동 74번지

전화: 737-2795

팩스: 723-4518

편집설계: 韓智硯/李尙恩/李姃旲

ISBN 89-8038-129-8 04300

ISBN 89-8038-050-X (현대신서)

東文選 現代新書 1

21세기를 위한 새로운 엘리트

FORSEEN 연구소 (프)

김경현 옮김

우리 사회의 미래를 누르고 있는 경제적·사회적 그리고 도덕적 불확실성과 격변하는 세계에서 새로운 지표들을 찾는 어려움은 엘리트들의 역할과 책임에 대한 재고를 요구한다.

엘리트의 쇄신은 불가피하다. 미래의 지도자들은 어떠한 모습을 갖게 될 것인가? 그들은 어떠한 조건하의 위기 속에서 흔들린 그들의 신뢰도를 다시금 회복할 수 있을 것인가? 기업의 경영을 위해 어떠한 변화를 기대해야 할 것인가? 미래의 결정자들을 위해서 어떠한 교육이 필요한가? 다가오는 시대의 의사결정자들에게 필요한 자질들은 어떠한 것들일까?

이 한 권의 연구보고서는 21세기를 이끌어 나갈 엘리트들에 대한 기대와 조건분석을 시도하고 있으며, 구체적으로 그들이 담당할 역할과 반드시 갖추어야 될 미래에 대한 비전을 제시하고 있다.

본서는 프랑스의 세계적인 커뮤니케이션 그룹인 아바스 그룹 산하의 포르셍 연구소에서 펴낸 《미래에 대한 예측총서》 중의 하나이다. 63개국에 걸친 연구원들의 활동을 바탕으로 세계적인 차원에서 우리 사회를 변화시키게 될 여러 가지 추세들을 깊숙이 파악하고 있다.

사회학적 추세를 연구하는 포르셍 연구소의 이번 연구는 단순히 미래를 예측하는 데에 그치는 것이 아니라, 미래를 준비하는 자들로 하여금 보충적인 성찰의 요소들을 비롯해서, 그들을 에워싸고 있는 세계에 대한 보다 넓은 이해를 지닌 상태에서 행동하고 앞날을 맞이하게끔 하기 위해서 이 관찰을 활용하자는 것이다.

東文選 現代新書 35

여성적 가치의 선택

포르셍 연구소
문신원 옮김

여성적인 가치들은 어떤 것인가? 그 가치들은 남성적인 가치들의 평가절하를 의미하는가, 아니면 반대로 새로운 공유 가치체계의 도래를 의미하는가? 이 새로운 가치체계는 정치적인 태도를 심오하게 변형시킬 것인가? 남성적인 가치들이 강하게 침투해 있는 기업에서는 어떤 문화적 혁명을 겪게 될 것인가?

여기에서 말하는 여성적 가치들이란 남자 혹은 여자라는 구체적인 개인들을 가리키는 것이 아니라 원리들, 사회적 혹은 개인적인 기능의 모델들과 구조들, 판단과 결정의 기준들, 우리가 '남성적인' 혹은 '여성적인'이라고 규정지을 수 있는 행동들과 행위들을 말하는 것이다.

본서는 169년의 전통을 자랑하는 프랑스 유수의 커뮤니케이션 그룹인 아바스(Havas)의 포르셍 연구소에서 21세기를 대비해 펴낸 미래 예측보고서 중의 하나이다. 전세계 63개국에 걸친 연구원들의 활동을 바탕으로 현재 우리 사회에서 태동하여 미래에 결정적인 역할을 하게 될 사회학적 움직임들을 세계적인 차원에서 깊숙이 파악하고 있다.

본서는 권력 행사, 기업 경영, 과학, 기술 마케팅, 커뮤니케이션에 관한 여성적 가치의 실제적 파급효과에 관한 매우 중요한 지표들을 제공하고 있어, 각계의 지도자들은 물론 방면의 종사자들에게 반드시 일독을 권할 만한 책이다.